Karl Heinrich von Lang

Neuere Geschichte des Fürstenthums Baireuth

Vom Jahr 1486 bis zum Jahr 1527. 1

Karl Heinrich von Lang

Neuere Geschichte des Fürstenthums Baireuth
Vom Jahr 1486 bis zum Jahr 1527. 1

ISBN/EAN: 9783743623682

Hergestellt in Europa, USA, Kanada, Australien, Japan

Cover: Foto ©ninafisch / pixelio.de

Weitere Bücher finden Sie auf **www.hansebooks.com**

Neuere Geschichte
des
Fürstenthums Baireuth

von

Karl Heinrich Lang,

Königlich Preußischem geheimen Archivar zu Baireuth und Plassenburg.

Erster Theil
vom Jahr 1486 bis zum Jahr 1527.

Göttingen,
bey Johann Christian Daniel Schneider.
1798.

Vorrede.

Diese Geschichte fängt mit dem Jahr 1486. an, weil damals die beiden Fränkischen Fürstenthümer durch ihre Trennung von der Chur eigene Regenten erhielten, weil man ungefähr in dieselbe Zeit überhaupt den Anfang der neuern Geschichte setzt, weil im Lauf dieser Periode sich die Reichsritterschaft, die Landstände bildeten, die Reformation begann, der Bauernkrieg entstand, eine Gruppe merkwürdiger Begebenheiten, deren Einfluß sich noch jetzt in unserer Verfassung zeigt und die das Auge des Beobachters nothwendig am ersten auf sich ziehen mußten.

Es hat viele Unbequemlichkeiten, wenn man eine Geschichte ganz von den ältesten Zeiten anfangen will. Der Leser ermüdet gewöhnlich, bevor er auf die interessantesten Perioden kommt. Eine Menge Sachen bleibt ihm unverständlich und gleichgültig, weil er ihren Bezug auf die neuern Verhältnisse noch nicht deutlich sieht. Aeltere und neuere Geschichte erfordern eine Behandlung, die sich nicht gut paaren läßt. Der schnelle Uebergang von der einen Methode zur andern macht einen unangenehmen Eindruck. Wie in Lebensläufen aufsteigender Linie sollten wir also zuerst die neuere Geschichte kennen, und von da aus erst in das Gebiet der ältern vorrücken.

Mein Freund, der Hofgerichtsassessor Henze zu Thurnau, der historische Kenntnisse mit historischem Geschmack verbindet, bearbeitet die ganz alte Baireuther Geschichte. Gelingt es nun mir, meine Arbeit zu vollenden, und füllt etwa noch ein anderer die Zwischenperiode vom Churfürsten Albrecht aus, so rücken wir auf einem weiten Raum, wo keiner dem andern im Wege stand, unvermerkt zusammen, und das ganze vereinigt sich zu einem einzigen symmetrischen Gebäude.

Der Baireuther Geschichtschreiber darf wohl nicht fürchten, eine Iliade nach dem Homer zu liefern. Alle unsere ältere Historiker sind theils bloße Genealogisten, theils leichtgläubige, redselige, geschmacklose Compilatoren, zuweilen auch Selbsterfinder. Alle haben den wahren Gesichtspunct verfehlt, weil sie uns nicht eine Geschichte des Landes, der Regierung, der Verfassung, der Sitten, sondern eine trockene Geschichte der Markgrafen, ihrer Kindstaufen,

ihrer

ihrer Türkenschlachten lieferten und das noch dazu in einem panegyristischen Curialstyl.

In den neuern Zeiten, das ist wahr, und auch noch itzt, hat unser Vaterland allerdings Männer aufzuweisen, die sich mit größerm Glück der Bearbeitung der innländischen Geschichte widmeten. Allein Mangel an Muße, erschwerter Zutritt zu den Quellen, und dann hauptsächlich ein zu romantischer Plan, waren gewöhnlich die Ursache, daß diese thätige, der Sache vielleicht sehr wohl gewachsene Männer, entweder gar nichts, oder nichts Ganzes zu Tage brachten. Sie hatten die schöne Idee, so lange zu sammeln, bis sie alte mit neuer Geschichte verbinden, aus ihren Collectaneen gleich auf einmal ein zusammenhängendes Ganzes herstellen könnten. Dadurch wurde der Umkreis zu weit, um einen einzigen Standpunct zu fassen, die Gegenstände verschoben sich in einander, die allzugroßen Hindernisse schreckten von der Ausführung ab, Krankheit und Tod kam dazwischen, die gelehrte Welt verlohr ihre Hofnungen *).

Um

---

*) Das letzte Jahrzehend war so glücklich, zu gleicher Zeit ein seltenes Kleeblatt vaterländischer Geschichtskenner zu besitzen, den Regierungsrath und geheimen Archivar Spieß, den Professor, nachher Regierungsrath, endlich Director Georg, und den auch verstorbenen Regierungsdirector und Lehenprobst Wipprecht. Spieß hatte seine Stärke mehr in der Diplomatik; in der Geschichte begnügte er sich mit historischen Aufklä-

Um diesen Klippen auszuweichen, arbeitete ich nach einem Plan, den auch ein anderer, wenn ich nicht mehr leben sollte, leicht verfolgen kann. Nach der allgemeinen Uebersicht der Geschichte, die man natürlich vorausſetzen muß, bestimmte ich mir nun ein kleineres Feld, so wie es sich von dem andern am natürlichsten abschneiden läßt; also hier den Zeitraum von 1486 bis 1528. Von nun an lebte ich nur für die Geschichte dieser Zeit. Alle Urkunden aus diesen Jahren wurden geprüft und verzeichnet, allen Staatsbedienten aus diesem Zeitraum nachgeforscht, alle Rechnungen, alle Lehenbücher, alle Hofgerichtsbücher aus diesen Jahren mit Bedacht gelesen und unter einander verglichen, alle Verträge, alle Verhandlungen aus diesen Jahren hervorgesucht. — Die nothwendige Folge dieser Verfahrungsweise war eine beständige Gegenwart der damaligen Verfassung in meinem Gedächtniß, ein Detail der kleinsten Umstände, das man gar nicht mehr hätte suchen sollen, eine

---

klärungen einzelner Irrthümer und mit diplomatischen Sammlungen zur Geschichte alter Dynastenfamilien, welche Sammlungen aber vortreflich sind, ob sie gleich mir für den Zeitraum, den ich bearbeite, von keinem Nutzen waren. An historischem Blick und an scharfer Urtheilsgabe wurde er von Georg bey weitem übertroffen, der aber oft übertrieben systematisch und dadurch weitschweifig war. Wipprecht hatte eine ungemeine Uebersicht vom Ganzen und gebrauchte die Geschichte hauptsächlich als Hilfswissenschaft des vaterländischen Staatsrechts. Neben diesen dreyen bearbeitete der Kammerrath Lange die Topographie.

eine Kenntniß von dem Einfluß und Character der handelnden Personen, ein allgemeiner Zusammenhang. Eine Menge Resultate, die bey einem ausgedehntern Plan wären übersehen worden, entwickelten sich so unvermuthet.

Aber freilich ist diese Art zu arbeiten äußerst mühsam, nicht nur an sich, sondern auch weil sie bey jeder neuen Epoche von frischem wiederholt werden muß. Es wird mich schmeicheln, wenn man es bey der scheinbaren Leichtigkeit mancher Darstellungen nicht bemerken wird, wie vieles Nachforschen, Copiren, Extrahiren, Auflösen der Zweifel oft ein einziger Satz gekostet hat. Aber diese Schwierigkeiten dem Leser bey jedem einzelnen Gegenstand herzuerzählen und ihn auf diesem Dornenweg selbst zu dem Resultat gelangen zu lassen, was manche für historische Pflicht halten, scheint mir sehr pedantisch, abschreckend und zeitverderbend.

Ich bin ein Mensch; es ist also möglich, daß ich mich irren konnte, wenn ich aus einer historischen Begebenheit eine Folgerung ziehen oder ein Urtheil darauf gründen wollte. Wissend ist mir itzt noch kein solcher Fall und ich würde zuverlässig eilen, mich selbst zu berichtigen, sobald ich eine solche unangenehme Entdeckung machen sollte. Aber bey der Achtung, die ich bey meinen Mitbürgern zu verdienen wünschte, bey meinem ehrlichen Namen, den ich der Nachwelt überliefern möchte, betheure ich, daß jedes hier aufgeführte Factum eine reine diplomamatische Wahrheit ist, die sich nicht auf Legenden, nicht auf Chroniken, nicht einmal auf Schriftstellerglauben, sondern auf lauter gleichzeitige Urkunden gründet, die ich selbst in den Händen gehabt, gelesen, mehrmal gelesen, extrahirt, verglichen habe. Sie alle hier als Beilagen anzufügen, wie wohl ehmals Sitte gewesen, würde ein solches weitläuftiges Werk veranlassen, wozu nach dem Geist unserer itzigen Zeit weder Verleger, noch außer den wenigen leidenschaftlichen Geschichtsliebhabern Käufer, am allerwenigsten Leser zu hoffen wären. Es ist billig zu unterscheiden, ob man blos Materialien zu einer Geschichte, oder selbst eine Geschichte liefern wollte. Würde ich eine Bairische oder sonst eine fremde Geschichte schreiben, und ganz unbekannte Thatsachen an den Tag bringen, so wäre man allerdings befugt, nach den Beweisen, nach den Quellen zu fragen. Wenn aber ein Zeitgenosse, eine mithandelnde Person oder der den freyen Gebrauch der Quellen hatte, wie z. E. ein Archivar, aus seinem Archiv eine Geschichte entwirft, soll er damit auch sein Archiv abdrucken lassen? Bey dem unerreichbaren Tacitus finden wir keine Beilagen von Senatus Consultis, Rescriptis Principum, Lapidarinschriften und Obeliskentexten Cäsar — Friedrich der Große haben ihren unsterblichen Werken keine Urkundenbücher angehängt. Wollte Gott, wir hätten mehr solche Meisterstücke, ich wollte alle Schätze

des

des Lünigs, die ganze Europäische *Fama* darum geben. Wir Teutsche überhaupt sammeln zu viel und bauen zu wenig. Die Welt, die jetzt nachwächst, will nichts schwerfälliges mehr haben, kommen wir aber doch zum Trotz mit Folianten aufgezogen, so lauft man uns davon.

Ein großer Theil unserer vaterländischen Urkunden ist schon bey Schütz, Falkenstein, Oetter, Longolius, in mehrern Deductionen und sonst anzutreffen. Für den Liebhaber würde es ein leichtes seyn, sie sämtlich so zu inventiren, daß sie als vaterländisches Urkundenbuch dienen können. Uebrigens wird derjenige, der das Archiv verwaltet, jederzeit im Stande seyn, alle Zweifel, die je über einen factischen Umstand entstehen sollten, auf der Stelle durch ihr diplomatisches Beweisthum zu lösen. Ein historischer Credit, der sich auf eine solche Hypothek gründet, kann wohl nicht falliren.

Der 2te Band dieser Geschichte wird die Zeit der Reformation, des Schmalkaldischen Kriegs und der Regierung des berüchtigten Markgrafen Albrechts begreifen. Da ich gegenwärtig von Plassenburg entfernt und der Königlichen Gesandschaft in Rastadt zugegeben bin, so zweifle ich, ob dieser 2te Theil vor Michaelis 1799 wird erscheinen können.

Im Grund hatte ich bey meiner Geschichte weit weniger Schwierigkeiten zu überwinden, als viele andere Spezialgeschichtschreiber, von denen

nen ich doch manchen habe unerreicht lassen müssen. Ein unbeschränkter Gebrauch der in meiner Selbstverwaltung stehenden Archive, der Umgang und die Belehrung mancher geprüfter vaterländischer Geschichtskenner, worunter ich besonders den Herrn Regierungsdirector Wipprecht, Sohn des oben erwähnten Lehenprobstes, nenne, die Freiheit, ganz nach meiner Ueberzeugung und meinem Gewissen zu sprechen, hätten die Kräfte eines ganz gemeinen Kopfes wecken müssen. Nie werde ich vergessen, was ich dem vortreflichen Staatsminister, Freiherrn von Hardenberg, schuldig bin, der mich zur Verwaltung der Archive ausgewählt, und meine historische Arbeiten begünstigt und befördert hat. Ich fürchte nur, daß man unter so günstigen Umständen von mir etwas noch besseres erwartet habe.

Rastadt, den 22ten April 1798.

Karl Heinrich Lang.

Inhalt.

Inhalt.

Stimmung der Fränkischen Einwohner beim Ende der Regierung Churfürst Albrechts (1486.).
Tod des Churfürsten. Dispositio Achillea.
Eintheilung der Fränkischen Fürstenthümer in Ober- und Niederland.
Umfang der Unterabtheilung des Oberlands.
Verpfändete Aemter.
Adeliche Schlösser und Ansitze.
Eintheilung der Vasallen.
Klöster.
Zustand der Städte.
Hofhaltung des Markgrafen, Kapelle, Kanzley, Marstall, Küche, Silberzeug, Hausgeschmuck.
Turniere.
Die Kanzley- und Aemterverfassung.
Der Hauptmann auf dem Gebürg.
Die Räthe, der Landschreiber, der Probst, der Doctor.
Der Vogt zu Plassenburg.
Die Amtleute, Kastner und Vögte.

Abdreßkalender der damaligen Fürstlichen Personen und Staatsdiener.

Regierungsantritt der Prinzen Friedrich und Siegmund.

Friedrichs Reise zum heiligen Grab.

Siegmunds Tod. Friedrichs alleinige Regierung.

Dessen Kameralverwaltung.

Ertrag des Landes. Abgaben.

Forstwesen.

Bergwerke.

Polizeyanstalten.

Städtische Gewerbe.

Handel.

Münzwesen.

Wissenschaften und Schulen.

Kriegsverfassung.

Gerichtsverfassung. Landgerichte. Hofgerichte.

Criminaljustiz.

Verhältnisse mit den Nachbarn. Oberpfalz, Böhmen, Wirzburg und Bamberg, Nürnberg, Rotenburg, Windsheim.

Fränkische Ritterschaft.

Erste Keime der Landtagsverfassung.

Theilnahme M. Friedrichs an den Reichsgeschäften.

Verschwörung der Prinzen gegen ihren Vater.

Dessen Gefangennehmung und gewaltsame Entsetzung.

Veränderungen bey Hof und in der Regierung.

Verhaftung des Probstes zu Onolzbach.

Baiersdorfer Landtag von 1515.

Untersuchung der angeblichen Gemüthszerrüttung des alten Fürsten.

Persönlicher Character desselben.

Untersuchung des ihm gemachten Vorwurfs der üblen Wirthschaft.

Seine Verbesserungen.
Schulden.
Bauereyen.
Erwerbungen.
Erweiterungen des Lehenhofs.
Berechnung der Prinzen über die Staatsbedürfnisse.
Vertrag der Prinzen Mitwochs nach Jubila 1515.
Die übrigen Landtagsdesiderien.
Gesandschaften an den Ungarischen, Kaiserlichen, Mainzischen, Hessischen Hof.
Unterhandlungen in Rom.
Entlassung Pruckers.
Kaiserliche Belehnung.
Die Ränke der Prinzen unter sich.
Kasimirs Staatsheirath.
Onolzbacher Vertrag nach unser lieben Frauentag Nativitatis 1518.
Zustand des alten Fürsten in der Gefangenschaft.
Entlassung des Hauptmann Boos.
Linzer Vertrag Sonnabends nach dem Fronleichnamsfest, 1521.
Prager Vertrag Mitwochs nach Cantate 1522.
Anordnung einer Statthalterey.
Kadolzburger Vergleich, Mitwochs nach Allerheiligen 1522.
Unterhandlungen wegen Loslassung des alten Fürsten.
Staatsverwaltung des Prinzen Kasimirs.
Seine neue militärische Einrichtungen.
Kriminalordnung.
Anordnung eines Hofraths.
Verfall des Hofgerichts.
Bergordnung.
Bemühung einerley Getraidemaas herzustellen.
Walbordnung.

Erwerbungen unter Kasimirs Regierung.
Landtagsverhandlungen.
Verhältnis gegen den Kaiserlichen Hof.
Veränderung in der Art, die Differenzien zu behandeln.
Unterhandlungen mit Bamberg, Chursachsen, Pfalz, Nürnberg, Rotenburg, Böhmen, Wirzburg, der Fränkischen und Vogtländischen Ritterschaft.
Bauernkrieg.
Kasimirs Tod und Character.
Letzte Schicksale des alten Fürsten.

Ein unglücklicher gefangener Fürst — herrschsüchtige Söhne, die in ungedultiger Erwartung seines Todes vor ihm in die Grube stürzen — empörte Unterthanen — rohe Sitten — verachtete Wissenschaften — die Schätze des Landes zum geschmacklosen Pomp des Hofes, zu unglückseligen Fehden verschwendet; dies sind die traurige Bilder, mit welchen diese Geschichte beginnt.

Jeder Tag, jedes Alter hat seine eigene Plage. Aber wer dieses ließt, mag Friedrich Wilhelms Scepter segnen.

Ganz Franken schien auf den Tod des alternden Churfürsten Albrechts zu lauern. Die Priesterschaft, die es ihm ewig nicht verzieh, daß er sie zu einer Pfaffensteuer gezwungen, freute sich zum Voraus, ihm einmal das Requiem zu singen. Schon längst war auch dem Adel ein solcher überkluger Alter zuwider, den Teutsche Lesebücher mehr als Reigerbeißen und Mummereyen ergötzten, der nicht immer neue Lehen ausspendete, der die Eitelkeit hatte, selbst regieren zu wollen und durch ein glänzenderes Gepränge den vorher zum gleichen Umgang mit seinem Fürsten gewohnten Ritter in einer demü-

A thigen

thigen Entfernung hielt. Dem dienstbaren Bauern, der sich bisher unter keiner Regierung wohl befunden, blieb die Hoffnung, daß es unter einer künftigen besser, wenigstens friedlicher werden möchte. Am allerwenigsten konnten die Fränkischen Stände den Glanz des Churhutes auf dem Haupt ihres Genossen ertragen. Der Titel eines **Herzogs von Franken**, womit der heilige Vater ihn gewöhnlich begrüßte, war für ihre bange Ohren ein unausstehlicher Laut.

Endlich erscholl sie die höchst willkommene Nachricht von dem Tod des alten Herrn, der unter tausend Entwürfen, wovon wohl keiner die Vergrößerung seiner Nachbarn bezweckte, auf dem Wahlconvent zu Frankfurt, den 11. März 1486. verschied.

Allerdings hätte man vermuthen sollen, daß Albrecht, der sich so viele Mühe gegeben, in seiner Person die Fränkischen Fürstenthümer mit der Chur zu vereinigen, diese ganze Masse seinem ältesten Prinzen Johann, dem einzigen Sohn seiner verstorbenen ersten Gemahlinn, hinterlassen würde. Allein das Schifflein der Politik drohte dießmal an den Klippen der weiblichen Künste einer zweiten Gemahlin zu scheitern, die durch ihre Seufzer und ihre Thränen den zärtlichen Ehemann dahin gebracht, daß er durch die im Jahr 1473. an St. Mathiastag zu Kölln an der Spree gemachte Verordnung (Dispositio Achillea) — dem Sohn der ersten Ehe — Johann, blos die Mark nebst der Churwürde anwies, für die jüngern Lieblinge Friedrich und Siegmund aber die beiden Fränkischen Fürstenthümer also bestimmte, daß nach des Looses Entscheidung auf einen Theil das Land zu Franken, mit der Herrschaft Braun-

Brauneck, der Stadt Kitzingen, dem Güldenzoll und den Oesterreichischen Lehen; auf den andern aber das Land auf dem Gebürg und im Vogtland fallen sollte. Um jedoch einer allzustarken Zerstücklung vorzubeugen, ließ sich der alte Vater im Jahr 1483. von den beiden Söhnen Friedrich und Siegmund versprechen, ihre Regierung gemeinschaftlich zu führen.

Irrig wäre es also, wenn man sich vorstellen wollte, Friedrich habe zu seinem besondern Antheil Ansbach, Siegmund das Obergebürgische Fürstenthum erhalten. Friedrich regierte so gut auf dem Gebürge, wie Siegmund im Niederland mit. Alle Urkunden, welche Landessachen betreffen, wurden in beider Nahmen gefertigt. Nur ihre Wohnungen und Renten waren jedem insonderheit, dem Friedrich zu Onolzbach, dem Siegmund zu Plassenburg angewiesen.

Das Niederland hieß derjenige Strich Landes, den wir heut zu Tag das Untergebürgische Fürstenthum, das Fürstenthum Onolzbach nennen. Unter dem Oberland hingegen, oder dem Land auf dem Gebürg begriff man größtentheils das heutige Obergebürgische oder Baireuthische Fürstenthum. Dieses theilte man wieder besonders in das Gebürg, d. i. die Herrschaften Plassenburg und Baireuth; in das Land vor dem Wald (nemlich dem Böhmer Wald), das ist ungefähr die spätere Amtshauptmannschaft Wunsiedel bis an die Egrer Stadtmauer; und endlich in das Vogtland, d. i. den heutigen Höfer-Kreis.

Als Churfürst Friedrich im Jahr 1437. die Fränkischen Lande zwischen seine Söhne Johann und

Albrecht theilte, rechnete er zum **Oberland** folgende Aemter und Städte:

Blaſſenberg, Kulmbach, Berneck, Wiersperg, Weidenberg, Gurtſtein, Goldcronach, Mittelberg, (das nachherige Amt Seiboldsdorf) Bareuth, Hof, Wunſidel, Hohenberg, Arzberg, Weißenſtadt, Rudolfſtein, Epprechtſtein, Kirchenlamitz, Münchberg, Schauenſtein, Helmbrechts, Gefreeß, Stein, Boden, Thierſtein, Thiersheim, Leuthen, Selb, Neuenhaus, Schönwald, Rehau, Hofeck, Naila, die beiden Kulme mit der Neuenſtadt, Creußen, Franckenberg, Beheimſtein, Pegnitz, Lindenhard, Plech, Spieß, Oſternohe, Rabenſtein, Zwernitz, Wunſes, Auffeß, Neuſtadt im Forſt, Gößlern, Mengau, Caſendorf, Baiersdorf, Altendorf, Neuſes, Buttenheim, Thüsbronn, Erlang, Liebenau, Dachsbach, Neuſtadt an der Aiſch, Wernsberg, Rinhofen, Hagenbüchach, Caſtell, Klein Lankheim, Wieſenbrunn, Floß, Parkſtein, und Weiden, Brichſenſtadt, Vohenſtrauß, nebſt den Klöſtern: Mönch-Steinach, Mönch-Aurach, Frauen-Aurach, Birkenfeld, ꝛc. Dahingegen die nachher zum Obergebürgiſchen Fürſtenthum gerechnete Aemter: Erlbach, Emskirchen, Schauerberg, Hoheneck, Birgel, und Bernheim, dem Niederländiſchen Antheil beigezählt wurden *).

Meh-

---

*) Die Grenze zwiſchen Oberland und Niederland wird ſo beſchrieben: "Als ſich das Waſſer Schwabach

(Un-

Mehrere dieser Aemter waren zu der Zeit, als die Regierung den beiden Prinzen Friedrich und Siegmund anfiel, einigen ingeseßenen Edelleuten verpfändet, die dasjenige, was ein solches Amt an Zinsen, Gülten und Sporteln ertrug, auf Abschlag ihrer Capitalien bezogen, die übrigen Oberherrlichen Gerechtsame aber, als Blutbann, Gerichtsbarkeit, Zoll und Geleit, Namens des Landesfürsten, dem auch der Wildbann blieb, verwalteten, und die Steuern verrechneten. So besaßen damals die Herren von Obernitz das Amt Mittelberg oder Seiboldsdorf, die Herren von Stiebar das halbe Amt Hachenbuchach, die andere Hälfte gehörte dem Kloster Steinach, die Herren von Lüchau Neustädtlein am Forst u. s. w.

Eine Menge der kleinen Vogteyen, die heut zu Tag den landesherrlichen Domänen einverleibt sind, waren damals noch in den Händen adelicher Besitzer, die solche als empfangene Lehen genoßen, zum Theil auch darüber aus Vergünstigung des Landesherrn die Niedere Gerichtsbarkeit übten. Auf diese Art gehörte die heutige Vogtey Burghaig damals noch den Herren von Waldenfels, das Amt Stein zum Theil noch den Herzogen in Baiern, denen es
1485

(Unterschwabach) anhebt und abe geht für Erlang in das Waßer die Rednitz genannt, die Rednitz auf so fern als die Aurach darein fließt, die Aurach auf bis gen Emskirchen. Von Emskirchen die rechte Landstraß bis gen der Neuenstadt an der Aisch, die Aisch auf bis gen Windsheim an die Mauer und von dannen bis unter Dottenheim und die Nenzenheimer Steige abe bis gen Nenzenheim, von Nenzenheim bis gen Kitzingen.

1485. die Herren von Sparneck verkauften, Lanzendorf den Herren von Wiersberg, Emtmannsberg den Künspergen, Heinersreut und Donndorf denen von Weyer, Glashütte den Wiersbergen, St. Johannis den Imhofen, Weidenberg den Künspergen, Schreez den Nankenreutern, Streitberg der Familie gleichen Namens — Schnabelwaid den Künspergen, Spieß den Störn, Sparneck, und Hallerstein den Sparnecken, Lichtenberg und Thierbach den Waldenfelsen, Lauenstein denen von Heimburg und Seldeneck, Pilgramsreuth denen Hirsperg, Swarzenbach am Wald und Bernstein den Reizensteinen, Selbitz derselben Familie — Fattigau den Kotzauen.

Ein unzählbarer **Adel** war über das ganze Land ausgesät. Dies sind die Namen derjenigen Orte, wo adeliche Geschlechter gerade im J. 1486. Schlösser und Ansitze hatten.

I. in der Herrschaft Plaßenburg *).

zu
1. Waizendorf, die von der Cappel.
2. Trebgast die Haueißen.
3. Guttenberg die Guttenberge.
4. Kirchleus   ) eigentlich nur) dieselben.
5. Unter-Steinach) adeliche Höfe.)
6. Burghaig   ) die Waldenfelse.
7. Katschenreut)
8. Horanzreuth (Hornungsreuth) die Ratzenberger.
9. Weyer die Weyer.
10. Neudroßenfeld die Wiersberge.

*) s. Prückers Landbuch, erneuert von Plechschmidt.

11. Wernstein }
12. Schmeilsdorf } die Kindsperge.
13. Thurnau }
14. Pesten. } die Fortschen.
15. Lindenberg die Rauschner.
16. Wiersberg die Rabensteiner (nur Burg-gut).
17. Kottenau die Guttenberge, Hänlein genannt.
18. Lanzendorf die Wiersberge.
19. Seubelsdorf die von der Kappel.
20. Leysau die Lainecke.
21. Streittau die Waldenrode.

Amt Münchberg. {
22. Stein
23. Sparneck
24. Waldstein
25. Stockenrodt
26. Uprodt
27. Hallerstein
28. Mechlareut
29. Schweinsbach
} die Sparnecke.

30. Auffeß }
31. Wüstenstein } die Auffeße.

A. Zwernitz. {
32. Alladorf die Kungsfelder.
33. Kungsfeld die Schützen zu Hachenbach.
34. ″ ″ Jechsburg daselbst, die Auffeße.

A. Streitb. {
35. Streitberg }
36. *) Burggrub } die Streitberge.
37. Brettfeld die Stiebar.
38. Rüßenbach die Rüßenbach.

II.

*) Nro. 36. 37. 38. waren damals noch mit Bamberg der Jurisdiction wegen strittig.

II. in der Hauptmannschaft Hof *)
zu

1. Kotzau ⎫
2. Fattigau ⎬ die Kotzau.
3. Wurlitz ⎪
4. Zedwitz ⎭

5. Schwarzenbach an der Saal ⎫ die Hirs-
6. Förbau . . ⎭ berge.

7. Braunstein, (d. i. Brandstein) ⎫
8. Schnarchenreut ⎬ die Do-
9. Gotsmansgrün ⎪ beneck.
10. Rudolfstein ⎭

11. Prex ⎫ die Feilitsch.
12. Feylitsch ⎭

13. Possek ⎫
14. Rotenburg ⎪
15. Selbitz ⎬ die Reitzensteine.
16. Schwarzenbach ⎪
17. Schwarzenstein ⎭

18. Neuhaus ⎫ von der Grün.
19. Hoffeck ⎭

20. Tiefendorf ⎫ Zedwitz.
21. Jsiga ⎭

22. Münchenreuth-Beulwitz.
23. Wiedersperg die Machwitz.

24. Tauperlitz ⎫ Rabenstein.
25. Conradsreuth ⎭

26. Hartungs ⎫ Lüchau.
27. Lipperts ⎭

28. Lauenstein die Seldeneck und Heimburg.

29.

*) s. Landbuch von 1502.

29. Lichtenberg die Waldenfelse *).

III. in der Hauptmannschaft Wunsiedel, damals die **fünf Aemter** (1. Wunsiedel und Hohenberg, 2. Tierstein, 3. Weißenstadt, 4. Epprechtstein, oder Kirchenlamitz, 5. Selb) genannt **),

zu
1. Farnbach die Leubel.
2. Brand die Brandner.
3. Schlabattenhof ⎫
4. Ober-Röslein ⎬ die Schirndinge.
5. Röttenbach ⎭
6. Ober-Redwitz die Redwitzer.
7. Gravenreuth die Gravenreuth.
8. Hochstett die Rorer und Rabensteiner.
9. Weißenbach die Neustetter.
10. Erkersreuth die Raitenbache.
11. Weißenstein die Nothafte.
12) Schönwald die Kneußel.

IV. im Amte Baireuth und Creußen ***)

zu
1. Laineck ⎫ die Haidenaber.
2. Guttenthau ⎭
3. Trebgast (St. Johannis) die Imhofe.

4.
*) Die Schlösser Regnitzlosa, Trogen, Isar, Reizenstein, Ober-Gattendorf, kamen erst durch den Austausch mit Chursachsen im Jahr 1524. herüber.
**) s. Landbuch von 1499.
***) ebendas.

  4. Schreez die Nankenreuter.
  5. Mistelbach ⎫
  6. Frankenhaag ⎭ die Hainolde.
  7. Alten Plos ⎫
  8. Heinersreut ⎬ die von Weier.
  9. Dondorf ⎭
  10. Truppach die Truppacher die Auffeße.
M 11. Mengersdorf die Mengersdorfe.
  12. Zößlein die Herdegen.
N 13. Memmersdorf die Lainecke.
  14. Weidenberg ⎫
  15. Alten Künsperg ⎪
  16. Alten Creußen ⎬ die Kindsperge.
  17. Emtmannsberg ⎪
  18. Schnabelwaid ⎭
  19. Eckersdorf die Plassenberger.
  20. Windischenlaibach die Voite, Krotendorfer, Tandorfer.
  21. Seidwitz die Schenk v. Trautemberg.
  22. Boden die Hirschaide.
  23. Gottsfeld ⎫
  24. Bühl ⎭ die Gottsfelde.
  25. Haidhof ⎫
  26. Gottsmannsreut ⎬ Wiersberge.
  27. Glashütten ⎭
  28. Streit die Potzlinger.
  29. Fulgendorf ⎫
  30. Göppmannsbühl ⎭ die Tandorfer.
  31. Mengersreut ⎫
  32. Zeilenreut ⎬ die Großen.
  33. Trockau ⎭
  34. Krottendorf die Seckendorfe.
  35. Riegelstein die Thürriegel.

            V.

V. im Amte Baiersdorf *)
zu
1. Buggenhofen die Haller.
2. Adlitz die Fronhofen.
3. Azelsberg die Stolzenrode.
4. Neunhof }
5. Heroldsberg } die Welser.
6. Uttenreuth die Schützen von Uttenreuth.
7. Brand die Hetzelsdorfe.
8. Eschenau die Haller und Muffel, nebst einer zahlreichen Menge von Bürger-Sitzen der Nürnberger.

VI. Amt Neustadt an der Aisch **)
1. Stübach die Abenberge.
2. Obersachsen (Waldsachsen) die Lüchau.
3. Diesbeck die Sticbar.
4. Uhlstadt
5. Langenfeld
6. Sugenheim
7. Buchklingen } die Seckendorfe.
8. Brunn
9. Rosbach
10. Trautskirchen
11. Birnbaum die Auracher.
12. Dachsbach die Auracher, Truchsesse, Haller } auf Burg-Gütern.

---
*) s. Landbuch von 1530.
**) s. Landbuch von 1536.

13. Uehlfeldt die Lentersheime⎫
14. Ipsheim die Eltershoven ⎬ Hoheneck.
15. Illesheim die Gailinge. *)⎭

Der Geographischen Lage nach theilte der Landesherr die ihm lehenbare Ritter und Knechte in folgende Bezirke:

I. an der Radach

dahin rechnete man: Wernstein, Küps und die übrige Redwitzische lehenbare Güter, Guttenberg, Vischbach, Strößendorf, Katschenreut u. s. w.

II. auf dem Gebürg

die sämtliche Rittergüter der von Auffeß, von Küngsfeld, der Großen, der Fortschen, der Streitberge, der Wiesentau, der Stiebar, der Stürmer u. a. m.

III. ob dem Gebürg

am Kutzenrain und im Ahornthal begriff: die Kindspergische Rittergüter zu Schnabelwald,

---

*) Dieses Verzeichniß, das man mit vieler Mühe aus den gleichzeitigen Urkunden zusammengetragen, paßt gerade auf das Jahr 1486. und enthält blos diejenige abeliche Güter, die ein förmliches Rittergut mit einem abelichen Schloß oder Wohnsitz vorstellten. Wo also heut zu Tag bekannte Güter darinn fehlen, da ist zu vermuthen, entweder, daß sie damals noch keine wirkliche Rittergüter mit Schlößern und Wohnsitzen gewesen, oder daß sie nicht bewohnt geworden, oder daß sie schon heimgefallen waren, oder daß man sie zum niedergebürgischen Fürstenthum gerechnet, oder endlich daß sie damals noch zu einem andern Gebiet gehörten, wie z. B. Issiga, Reitzenstein ꝛc.

waid, Weidenberg, Emtmannsberg, das Rittergut Schreez, Gottsfeld, Seidwitz, Göppmannsbühl, Ramsenthal, Streittau, Nemmersdorf, Stein, Glashütten, Eckersdorf.

IV. vor dem Beheimer Wald

begriff die in der nachherigen Hauptmannschaft Wunsiedel gelegene adeliche Vasallen

V. im Vogtlande, worunter die Vasallen der Hauptmannschaft Hof begriffen waren.

Das Lehenbuch von 1515. hat wieder eine etwas veränderte Eintheilung; nemlich an der Radach, auf dem Gebürg, im Vogtland, und endlich an der Rednitz und vor dem Böhmer Wald. Was hier an der Rednitz heißt, ist größtentheils derjenige Bezirk, den die ältern Bücher den Distrikt **ob dem Gebürg** nennen.

Ueberhaupt blieb sich diese Eintheilung nicht immer durchaus gleich und schien nur dazu gemacht, um die Vasallen wegen Stellung ihrer Ritterpferde, zu ihren Hofdiensten, Lehensempfängnissen u. s. w. in einer gewissen Folge einberufen zu können; daher es kam, daß sich oft vom nemlichen Gut der eine Besitzer zu dem, der andere zu jenem Bezirk hielt; wie man denn z. B. die Guttenberge, Weyer ꝛc. bald im Distrikt an der Radach, bald auf dem Gebürg, die Fortschen bald auf dem Gebürg, bald ob dem Gebürg eingetragen findet.

Aus den Klöstern, wo wir bey manchen kaum mehr die Ruinen erblicken, und deren Güter jetzt ein vorzüglicher Theil der Landesherrlichen Domänen sind,

sind, erschallten damals noch der Mönche brüllende Chöre, und der Nonnen eintöniger Psalm. Besonders schien es hier dem Cisterzienser zu behagen. Außer dem fürstenmäßigen Kloster Hailsbronn (gestiftet a. 1132.) von dessen Gütern heut zu Tag das Obergebürgische Fürstenthum das Kastenamt Windsheim, das Amt Neuhofen und einen Theil des Amtes Bonhofen besitzt, hatte dieser Orden noch ein adeliches Frauenkloster zu Birkenfeld (gestiftet a. 1275.) zu Himmelkron (gest. a. 1280.) zu Hof (gestiftet a. 1348.) zu Frauenthal (gest. a. 1232.) welches letztere jedoch, gleichwie das erst im J. 1409. errichtete Augustiner Chorherrenstift zu Langenzenn damals noch nicht zum Obergebürgischen Fürstenthum gerechnet wurde. Neben dem reichen zur Cisterzienser Abtey Langheim gehörigen Mönchshof in Kulmbach bestand noch eben daselbst ein im Jahr 1340. gestiftetes Augustinerkloster, das der ungetreue Bruder Martin Luther für das schönste hielt, das er gesehen. Den ersten Geistlichen auf der Plassenburg hieß man den Probst, obgleich der vom heiligen Vater gebilligte Plan, aus Einziehung einiger der fettesten Pfarreyen *) ein förmliches Chorherren-Stift daselbst zu errichten, unerfüllt geblieben. Zu Mönchsteinach (gest. a. 1102.) zu Mönchaurach (gest. a. 1367.) haußten Benedicts arme Söhne in fürstlicher Pracht. Zu Frauenaurach (gest. a. 1275.) schmachteten des Dominikus unschädliche Töchter. Karmeliter wohnten zu Neustadt (gest. a. 1410.) an dem Fuß des rauhen Kulmes, nach erhitzter Pilgrime Schwur des Karmels leibhaftem Bild. Franziskaner, die berüchtigtsten

Ohne-

*) d. i. Hof, Wunsees, Nemmersdorf, Trumsdorf, Gesees, Butzbach, Bindloch, Kulmbach.

Ohnehosen und Aufruhr-Prediger damaliger Zeit, hatten ihre Clubbs zu Hof (gestiftet a. 1292.) zu Gründlach (ein Frauenkloster gest. a. 1343.) zu Rietfeld bey Neustadt an der Aisch (gestiftet a. 1458.) und zu Sparneck, dessen Stiftungs-Jahr die Welt schon wieder vergessen hat. Noch sah man bey Nemmersdorf deine Altäre nicht rauchen, heiliger Jobst! Aber womit habt ihrs verschuldet, ihr armen Bürger zu Baireuth, daß sich in Eure Mauren nie ein heiliger Orden genistet?

Armselige Orte, von allen Seiten mit ungesunden Sümpfen umgeben und feuchten Nebeln bedeckt, wurden von den Heiligen Gottes nicht gesucht. Dank sey es den Hussiten, daß sie im Jahr 1430. diese elende Hütten abgebrannt, und zu Entstehung einer schönern Stadt auf einer bequemern Stelle Anlaß gegeben. Die jungen Frauen sollen die letzten gewesen seyn, die den Ort verließen. Zwar beschuldigte sie ein eifersüchtiger Bürger, Michel Kapler, daß es deßwegen geschehen, weil ihnen die Hussen nicht übel gefallen, und weil sie Geschenke von ihnen genommen, um sich schwächen zu lassen. Aber die gedrohte Rache des ganzen Geschlechts nöthigte diesen Verleumder des weiblichen Heroismus im Jahr 1432. zu einem eidlichen Widerruf, den das königliche Archiv zu Beruhigung eines jeden Baireuthers, welcher sonst argwohnen dürfte, als mögten in ihm doch wohl noch einige Tropfen Hussitenbluts laufen, mit Sorgfalt bewachet. Unter Anführung Hasens Sperrschnabels und Herrmann Dießens suchte die wieder gesammelte Bürgerschaft vierzehn von ihr selbst gewählte Viertelmeister dem Rath an die Seite zu setzen. Bürgerliche Kämpfe begannen. Aber endlich sich mußte sich der gefangene Führer Dietz bequemen, hinab in einen Thurm zu steigen. — Schnell erhob sich das neue Baireuth zu einer ungewohnten Blüthe. Im Jahr 1472. ward es wieder mit Wehren und Rondell befestigt. A. 1469. konnte es bereits wieder 500. Golgulden Lichtmeßsteuer geben. Die Zadler, die Zecher, die Schneider, die Starkenkause, die Jüdin Samuel, die Schleicher, die Forster, die Dürnhofer, die Eisengrüne, die Napfe, waren die angesehensten und reichsten Bürger, die es dem Adel am Wohlstand zuvorgethan, und auch auf dem Lande neben ihm die schönsten Zehnten, Gülten, Zinsen und Lehen besaßen.

Aber doch blieb **Kulmbach** der Ort, wo der fürstliche Hof auf der Plassenburg, der Pomp einer zahllosen Geistlichkeit, die Gegenwart der Kanzley und des Hofgerichts, und die umher liegende Burggüter den Adel stromweise hinlockten. Die Künsperge, die Wallenfelse, die Guttenberge, die Redwitze, hatten sich hier durch der Fürsten Gnade stattliche Burghäuser erworben. Die Ratzenberger, die Imhofe, die Giechen, die Lainecke, die Wiersberge, hatten ihre Wohnungen da.

Von seinen vielen Landgütern nährte sich der Baireuther, vom Hof und Adel der Kulmbacher, aber vom Handel der Höfer Bürger. Hans Schütz, mit einem Handelsprivilegium auf das ganze Chur- und Fürstenthum versehen, möchte wohl damals ihr wichtigster Bürger gewesen seyn. Die Stadt, von den Hussiten auch nicht verschont, gab jährlich 900. Goldgulden Lichtmeßsteuer. Selbst die Juden fanden für gut, hier ihre Hütten zu bauen. Unzufriedendenheit mit seinem Rath gährte auch hier in der Bürgerschaft. Die Gegenwart einer fürstlichen Aebtissin machte dem umherliegenden Adel diese kaufmännische Stadt weniger zuwider.

So wie Hof durch Transitohandel und Jahrmärkte, so blühte hingegen Wunsiedel durch Fabricirung einer Menge Eisen- und Blechwaaren, mit denen ihre Bürger die Leipziger Messen besuchten. Hier hatte Siegmund Wann, ein reicher kinderloser Bürger aus Eger, im Jahr 1451. für 12 Biederleute, die in Ehren verdorben, keine Edelmänner wären, und auch nicht Hofweis getrieben, ein ewiges Spital oder Bruderhaus gestiftet, an dem die Bürger zu Wunsiedel, Eger, Hof und Baireuth sollten Antheil nehmen können. Wahrscheinlich schloß er die Kulmbacher Bürger deßwegen aus, weil man da Hofweise trieb.

Neustadt an der Aisch hatte noch nie von den Bedrückungen seiner übermüthigen adelichen Nachbarn aufkommen können; bis sich endlich Churfürst Albrecht entschloß, ein Schloß daselbst zu bauen und manchmal selbst dort zu wohnen. Zum Wittwensitz verschrieb er es seiner zweyten Gemahlin. Noch weit weniger rechnete man damals, das eine Zeitlang den Herren von Reck verpfändete und durch die Hussiten verderbte Erlang zu den bedeutenden Orten.

Mit dem Schwarm ihrer Hofbedienten zogen die Fürsten von einem Schloß auf das andere. Wo es den Hofleuten minder gefiel, ließen sie dem Markgrafen Gespenster erscheinen. So machten sie Friedrichen den Aufenthalt in Baireuth zuwider. Die beiden Hofordnungen, des alten Churfürsten Albrechts

B vom

vom Jahr 1470. und die spätere des Markgrafen Friedrichs vom Jahr 1509. verglichen mit einander, mögen einen Begriff solch einer damaligen Hofhaltung geben. Sie enthielt 1 Hofmarschall. 1 Rittersmarschall. 1 Hausvogt. 3 Schreiber. 3 Kaplane. 3 Chorschüler. 1 Arzt. 2 Kammerknechte. 2 Zwerge. 1 Barbier. 4 Schneider. 1 Küchenmeister. 2 Köche. 3 Knechte. 1 Knaben. 1 Eintrager mit 1 Esel. 1 Metzger. 2 Kellner. 1 Kellerjungen. Die Bäckerey. Die Wäscherey. Einen Marstall bestehend in 38 Pferden, darunter 5 Hengste für den Markgrafen und 6 Schloßwagen-Pferde mit folgenden Bedienten: 2 Handreiter, 1 Sattelknecht, 5 Reitknechte, 2 Wagenknechte; die adelichen Hofdiener mußten ihre eigene Pferde halten, wofür sie aber die Fütterung erhielten. Ferner gehörte zum Hof: 1 Einheizer, 2 Thorhüter. 8 Wächter. 2 Landknechte. 4 Einrosser, eine Art von Courier oder Hofpost. Der gewöhnliche Lohn des Lakaien, wie des Hofcavaliers, der erbarer Diener hieß, war 6 Gulden jährlich, nebst Kleidung und Schuh. — Der Arzt erhielt 40 Gulden, der Koch 20 Gulden, der Küchenmeister, der geringer als der Koch war, und dabei das Geflügel füttern mußte, 14 Gulden, der Hausschreiber 8 Gulden. Das Gesinde wurde Morgens um 9 Uhr und Abends 4 Uhr bei verschlossenen Thüren gespeißt; wer nicht zum Glockenschlag bei der Hand war, mußte vor der verschlossenen Thüre warten, bis sie zum Pissen wieder aufgethan wurde. Aus dem Marstall ließ sich der Markgraf alle Abend einen Futterzettel übergeben, woraus er zugleich alle bei Hof ab- und zugehende Fremde ersah, weil sie alle vom Hof freyes Futter erhielten. Das Futter

Heu

Heu pflegte man um 2 Gulden zu kaufen, welches den Fürsten zu theuer schien.

Diesen für einen Churfürsten, für den einzigen Regenten aller Brandenburgischen Länder wahrhaftig unbedeutenden Hofstaat, vermehrte sein Sohn Friedrich, der nur ein einzelnes Fürstenthum seines Vaters besaß, so außerordentlich, daß er im Jahr 1509. den Ständen versprechen mußte, Einschränkungen zu machen. Und doch begriff der Hofstaat nach dieser Einschränkung noch:

4 Edelknaben, für den Markgrafen.
1 Balbier.
1 Bader.
1 Jäger mit 2 Knechten und 1 Knaben.
1 Windhetzer.
1 Wildmeister.
1 Zwerg.
1 Ueberreiter.
2 Schenken.
2 Silberkämmerer.
2 Wäscherinnen.
2 Henker, (vermuthlich Wäschaufhänger?)
3 Hofthurner.
2 Thorwarte.
4 Wächter.
1 Hofhirten.

Die Kapelle bestehend in

1 Kaplan für den Markgrafen.
1 ⁚ für die Markgräfin.
1 ⁚ für die junge Herrschaft.
1 Chorschüler.
1 Prediger.

Die Kanzley mit
- 3 Sekretarien.
- 1 Rentmeister.
- 1 Kammerschreiber.
- 1 Gegenschreiber.
- 1 Substituten.
- 1 Gerichtschreiber.
- 4 Kanzleyschreibern.
- 1 Kanzleyknecht.

Den Doctor Pfotel mit seinem Knaben (d. i. Copisten).

Den Marstall mit
- 80 gerüsteten
- 20 ungerüsteten Pferden.

Küche und Keller mit
- 1 Koch des Markgrafen.
- 1 ″ der Markgräfin und der jungen Herrschaft.
- 1 Knaben.
- 1 Ritterkoch.
- 1 Knaben.
- 1 Gesindkoch.
- 1 Knecht.
- 1 Aufspüler.
- 1 Brater.
- 1 Küchenmeister.
- 1 Eintrager.
- 1 Hofmetzger mit
- 1 Knecht.
- 1 Fischmeister.
- 1 Hoffischer.
- 1 Reise-Kellner.
- 1 Haus-Kellner.

der Markgräfin Kellner.
1 Schroter.
1 Weingärtner.
1 Beck mit
1 Knaben.

Der Frau Markgräfin Hof bestehend in 20 adelichen Frauenzimmern.
1 Hofmeister.
1 Tischdiener.
1 Weintrager.
1 Essentrager.
2 Knaben.
2 Thürhüter.
2 Jungfernknechten.
1 Köchin.
2 Wäscherinnen.
2 Schneider, jeder mit 1 Knecht.

Der jungen Herren Hof:
1 Schulmeister, (heut zu Tag der Prinzen-hofmeister.)
4 Edelknaben.
1 Stubenheitzer.

Der Unterhalt und Löhnung all dieser Personen wird in dem Etat angeschlagen zu 8570 Gulden.
dazu noch die Kosten der fürstlichen
Tafel und Kleidung . . . 2500 :
Reisegelder . . . 2000 :
Das Deputat der jungen Herren 6000 :
Das Hof-, Land- und Lehengericht 1000 :
　　　　　　　　　　　　　　 20070 Gulden.

Darunter scheint aber der Frau Markgräfin Hof und der Marstall noch nicht begriffen.

Das

Das Silberzeug, das die beiden Prinzen von ihrem Vater erbten, bestand in:

2 vergoldeten Kandeln.
1 Kandel mit gelben Reifen.
1 Kändelein mit einer Kron.
1 weißen Kandel bei der Handhabe mit einem Thurm.
2 silbernen großen Becken und
16 Eß=Silber (vielleicht Teller?)
1 vergoldeten Kopf mit 5 Thürmen und 1 Schloß.
1 dergleichen mit einem Frauensbild.
1 vergoldeten Becher mit 1 weißen Thurm.
1 dergleichen mit einem goldenen Schloß.
1 Pfeuffers=Kopf mit 1 Kreuß.
1 weißen zwiefachen Kopf, mit dem Lüneburgischen Wappen.
1 dergleichen vergoldeten mit der Herrschaft Wappen.
1 dergleichen mit St. Lorenzen.
1 vergoldeten Becher mit einem Täublein.
2 weißen Thurm.
2 vergoldeten Scheuern.
2 vergoldten verdeckten Trink=Kelchen.
1 zweifach vergoldten Köpflein.
1 Trienfaß (Rauchfaß).
4 vergoldten Bechern.
2 beschlagenen Greiffenklauen.
1 Credenz mit Naterzwingen.

Als Hausgeschmuck wurde nach dem Tode des alten Herrn bei der Reichsstadt Rothenburg hinterlegt: 3 Halsbänder und 4 Heftlein, woran 65 Diamanten, 21 Rubine, 121 Palaste (auch eine Art Ru=

Rubine, Rubin balais, Pallacius), 1 Smaragd, 10 Saphir und 415 Orientalische Perlen waren. Ferner eine Krone mit 8 goldenen Erhöhungen und 8 Unterlassen, daran sich 28 Diamanten, 87 Rubine und 112 Perlen befanden. Kreuze aus 20 Heftlein zusammengesetzt, und endlich 2 **Perlen-Röcke**.

Als die Prinzessin Sibilla im J. 1481. ihrem Gemahl, dem Herzog von Jülich, unter einer Begleitung von 100 Wagen und 300 reißigen Pferden zugeführt wurde, bestand ihr Schmuck: in 1 Heftlein zu einem Halsband und ein Stirn auf das Haupt, 1 Heftlein zu einer Binde; Ringe an die Hände; ihre Gaderobbe enthielt 3 goldene und 5 sammatin Röcke, 1 sammetne Schaube und 1 damastne Schaube; 3 tuchene Röcke mit Perlen-Ermeln; außerdem erhielt sie 200 Mark Silber, ihr Geschirr davon zu machen, ein Rocklaken und Decke über ein Bett, 1 goldenen Wagen mit Pferden, darinn 10 sammetne Polster. Zu ihrer Bedienung gehörten 2 erbare (d. i. adeliche) Jungfern, 1 Kammerfrau, 2 Edelknaben, 1 Kaplan und 1 Schneider.

Jagden, Mummereyen, Turniere waren die Vergnügungen des Hofs. Mehr als 150 Damen verherrlichten das im Jahr 1485. zu Ansbach veranstaltete, und in alle vier Lande verkündete Turnier. Markgraf Friedrich, an der Spitze der Gesellschaft des gekrönten Bären, die aus 50 Rittern bestand, zog gegen seinen Bruder Markgrafen Siegmund. Alle Ritter hatten sich in einzelne Gesellschaften, in die des Eingehurns, des Steinbocks, des Fisches und des Falkens, des Leithundes, des Wolfes eingetheilt. Vier Ritter, ein Herr von Schellenberg, von Gumpenberg, von Dalberg, und Truchſeß von Weßhauſen, erhielten den großen Dank (Preis) aus den Händen einer Fräulein. Der Markgraf Friedrich gewann in dem nachfolgenden Stechrennen einen bloßen Stechdank, der aber nicht mehr durch die ſchöne Hand einer Fräulein ausgeſpendet wurde. Herumziehende Muſikanten erfüllten ſolche Tage mit ihren Harmonieen. Die Hofrechnungen enthalten von Zeit zu Zeit Geſchenke für die Pfeifer, mit der krummen Pfeifen, die meinen gnädigen Herrn angepfiffen.

Wichtiger, als dieſe flüchtige Umriſſe des alten Hoflebens iſt für uns die Darſtellung der damaligen Kanzley- und Aemter-Verfaſſung, der Art, wie der Markgraf ſeine Obergebürgiſche Regierung verwaltete.

Den Hauptmann auf dem Gebürg hieß man denjenigen, der an der Spitze der Geſchäffte ſtand, im Rath, beim Hof- und Lehengericht den Vorſitz führte, das Kleinod des Landes, die Veſte Plaſſenburg commandirte, und die völlige Militär- und ausübende Gewalt in ſeinen Händen hatte. — Im Niederland, wo ſich der Regent gewöhnlich aufhielt, gab es keinen Hauptmann, ſondern nur einen Hausvogt, der dem Rang nach einen Grad tiefer ſtand.

Die Beſoldung des Hauptmanns beſtand in 600 Goldgulden, den Fiſchereyen in Trebgaſt, dem Zehnten zu Mangersreut, freyer Fourage und Stroh, aller Vogelſtellerey in der ganzen Hauptmannſchaft, allem Wolfs-As (d. i. dem von Wölfen angefreſſenen Wildprett) freyer Wohnung und Beholzung, und auf Commiſſionen für 20 Pferde Fourage. Dafür

für mußte er jedoch dem adelichen Schloßvogt, dem Hofkaplan, dem Landschreiber und dessen Schreiber freye Tafel geben, und außerdem den innern Thorwart, den mittlern und äußern Thorwart, jedem zu zweit, den Thurner zu dritt, 4 Pankreisen *), 12 Wächter und 1 Hofkellner lohnen und verköstigen. Und zwar erhielt außer der Kost und Livrée der Thurner 9 Fl. jährlich, die übrigen Wächter, und Thorwarte 4 Gulden. Die Tafel des Hauptmanns war vorschriftsmäßig alle Tage mit 6 Gerichten bedient, nemlich 1) einer Fleisch- oder Hühnersuppe. 2) sauer Kohl mit Fleisch. 3) Eingemachtes. 4) Gemüße oder Gebackenes. 5) einer Pfefferbrühe. 6) einem Braten. Abends begnügte man sich mit 5 Speisen. Der geringste Domestike mußte Mittags mit 4, und Abends mit 3 Schüsseln gefüttert werden.

Nächst dem Hauptmann waren gewöhnlich einige zwanzig Räthe, aus der landsäßigen Ritterschaft, die sich jedoch nicht beständig bei Hof, oder auf der Plassenburg aufhielten, sondern nur bei den gewöhnlichen Hofgerichtstagen oder auf Einladung des Hauptmanns erschienen, wo vielleicht ein oder das andere Geschäft durch die Gegenwart einiger Räthe, die der Hauptmann nach Belieben auslas, sollennisiret, vielleicht auch sonst eine Commission oder Versendung übernommen werden sollte. Bei solchen Gelegenheiten wurden sie denn am Hofe frey gehalten,

zogen

---

*) eine Art Vertrauter oder Gefreyten, die auf der Wache Ordnung hielten, die Posten visitirten, Ronde machten, vermuthlich so genannt, weil sie nicht Schildwache stunden, sondern Reußen oder Reißige waren, die auf der Bank sitzen durften.

zogen aber sonst keine Besoldung, als die unter Markgraf Casimir erst aufgekommene Hofkleidung.

Das wichtigste Werkzeug der Regierung war der Landschreiber, die höchste Würde auf die damals ein bürgerlicher Anspruch machen konnte. Ohne sein Vorwissen, ohne seinen Rath, durfte der Hauptmann nichts vornehmen, nichts konnte ohne ihn ausgefertigt werden, weil er das Siegel in Verwahrung hielt. Ihm war das Archiv anvertraut. Alle Personen der Obergebürgischen Kanzley mußten ihm bei ihrer Verpflichtung Subordination angeloben. An ihn lieferten die fürstlichen Aemter und Renteyen ihre Zinsen, Steuern, Ungelder und übrige Gefälle. Durch ihn giengen alle Ausgaben. Er mußte die Aemter visitiren; er war der Lehen-Probst; er war so gar verpflichtet, das Schloß mit verwahren zu helfen. Seine Besoldung war außer freyer Tafel, Quartier, einer Hof-Uniform und Fourage für ein Pferd, das Schreibgeld von den adelichen Belehnungen, ein Viertel von dem Handlohn der Kanzleylehen und ein Viertel aller Kanzleysporteln.

Der Probst vereinigte in seiner Person die Aemter eines Vorstehers der Hofkirche, eines Verwahrers der Haus-Reliquien und Heiligthümer, eines zweiten Archivars, und eines Gegenschreibers von dem Landschreiber.

Nach dem Abgang des Landschreiber Friedrich Pruckers im J. 1517. wurde die bisher so wichtige Stelle getheilt, die Kassenadministration von derselben abgenommen und ein eigener Rentmeister Namens Hans Rorer aufgestellt, dem der neue Landschreischreiber, Hans Claus, als Gegenschreiber zuge‍theilt wurde. Nach M. Casimirn verlohr das Land‍schreiber-Amt auch diese Controlle vermöge der Auf‍stellung eines eigenen Gegenschreibers. Durch die Anordnung beständiger Collegien kam er um seine Geschäftsdirection und Siegelverwahrung, durch Bestellung eines Kanzlers um seine Lehenprobstey, durch die neu angeordnete Hof-Registratur um seine Archivsverwahrung. Von allen Seiten würkte man darauf, um so einem bürgerlichen, nicht einmal rechtsgelahrten Großvezier die Federn wieder auszu‍raufen. Eben so nahm die Stelle des Probstes bei Gelegenheit der Reformation ein Ende.

Jedoch waren schon von jeher von dem Ressort des Landschreibers ausgenommen Justizsachen und Staatssachen. Erstere gehörten vor das Hofge‍richt. Nachbars Differenzien, Reichstagssachen und auswärtige Correspondenzen besorgte gewöhnlich ein *Doctor Juris*, dem ein paar Knaben zum Schrei‍ben beigegeben waren.

Der Kanzleyschreiber führte die Protokolle und expedirte die ergehende Befehle aus der Haupt‍männischen Kanzley, der Hofgerichtsschreiber beym Hofgericht. Beide waren dem Landschreiber unter‍geben.

Der Vogt zu Plassenburg mußte beim Auf- und Zusperren der Thore seyn, niemand durfte ohne sein Vorwissen aus- und eingelassen werden. Er hielt Geschoß und Zeug in seiner Verwahrung; ihm lag es ob, allen Zwietracht, Hader und Aufruhr im Schloß zu verhindern, nach den Frevlern greifen sie in den Thurn legen zu lassen; die Amtknechte, Thurner, Thorwächter, Bankreißen und Wächter, durf-

durften ohne seine Erlaubniß nicht in die Stadt herab gehen.

Nur aus dem Adel wurden die Amtleute genommen, von denen der zu Hof in der Folge den Titel eines Hauptmanns erhielt. Außer der freyen Wohnung auf herrschaftlichen Schlössern, den kleinern Bußen und der Jagd bezogen sie eine Besoldung von 60. 80. bis 100. Gulden. So war z. E. die Besoldung eines adelichen Amtmanns zu Mönchberg

baar	20 Gulden.
12 Summra Korns angeschlagen zu	24 ,
29 , , Haber zu .	29 ,
2 Fischwasser zu . .	6 ,
1 Hofwiese und Hofgärtlein . .	1 ,
	80 Gulden.

Beim Kreußner Amt bestand die Besoldung in

30 Fuder Heu . .	30 Gulden.
500 Käßen zu 6 Pf.	
65 Faßnachtshennen zu 10 Pf.	16 ,
48 Herbsthühner zu 5 Pf.	
1 Fischwasser	
1215 Eyer	7 ,
19 Mäßlein Hanf	
13 Summra Korn . .	26 ,
21 , Haber . .	21 ,
	100 Gulden.

dazu alle Gerichtsfälle unter 6 Pf.

Auf dieselbe Art bezogen die Amtleute zu Emtmannsberg, Zwerniz, Epprechtstein, Bernek, jeder 100 Fl. der zu Rehau aber 150 Fl., (vermuthlich weil

weil er dabey Forstmeister war) zu Stein 103 Fl. hingegen zu Spieß und Wiersberg jeder nur 60 Fl.

Nicht so wohl Wissenschaften und Rechtskenntnisse, sondern vielmehr militärische Talente schien man von den Amtleuten zu erwarten. In Ermangelung stehender Truppen mußten die Amtleute, sobald irgend eine Fehde begann, ihrem Herrn mit ihren untergebenen Einspännigern, Schützen und dem aufgebotenen Landvolk zuziehen. Einem jeden Amtmann lag ob, sein Amt gegen jeden Nachbars Einfall in Person zu vertheidigen, durch beständiges Streifen alle Plackereyen zu verhüten. Außerdem mußte er auf Erfordern dem fürstlichen Rath, dem Hofgericht beiwohnen, und sich zu Versendungen an andere Höfe gebrauchen lassen. Zu Hause wurde die übrige Zeit mit Jagden und Gelagen vertrieben, und den Bauern im Jahr nur etliche mal an bestimmten Wandeltagen auf seine Klagen ein kurzer militärischer Bescheid ertheilt.

In Städten und bei großen Aemtern hatten die adelichen Amtmänner noch bürgerliche Kastner und Vögte zur Seite. Dem Kastner lag die Verrechnung der Steuern, Getraidegülten und Amtsgefälle ob. Er mußte dafür sorgen, daß die Bauergüter nicht unbesetzt blieben; er sollte die Fraischfälle handhaben, für die gleichmäßige Vertheilung der Frohndienste wachen und den Straßenbau dirigiren. Zu dem Ende standen ihm wieder besondere Landknechte zu Gebot. Uebrigens lieferte er nicht an den Amtmann, sondern unmittelbar an den Hauptmann auf dem Gebürg.

Die Vögte, ein Name womit man im 14ten Jahrhundert auch noch die adelichen Amtleute bezeichzeichnete, besorgten an des Amtmanns Stelle die Gerechtigkeitspflege, besonders in peinlichen Fällen und überhaupt die allgemeine Landespolizey. Die Vögte zu Kulmbach und Baireuth wurden noch bis zum Anfang des 16ten Jahrhunderts aus dem Adel genommen. Nachdem man aber den adelichen Amtleuten überließ, den Vogt nach Belieben anzunehmen und abzuthun, und nachdem er keine Sache vornehmen durfte, ohne vorher bei dem Kastner angefragt zu haben, ob dieser nicht für gut befinde, die Sache nach Hof zu schieben, weil etwa der Herrschaft aus einer fiscalischen Behandlung mehr Nutzen zugehen möchte, als dem gewöhnlichen Gerichtsfall, so kam es, daß man anfieng, den Vogt geringer als den Kastner zu achten. In einigen Orten des Unterlands hießen die Vögte Schultheißen oder Richter, zuweilen findet man auch den Vogt und den Richter als zwey verschiedene Personen. In diesem Fall hatte der Vogt vermuthlich die Polizeydirection und Criminal=, der Richter aber die Civiljustiz.

In wichtigen Fällen berichtete der Hauptmann auf dem Gebürg an den Markgrafen oder wie es hieß: nach Hof, wo der Hofmeister, als erster Minister, die obersten Hofchargen und der bürgerliche Kanzler, der in verwickelten Sachen den Vortrag machte und die geheime Kanzley dirigirte, ein eigenes Ministerium formirte, dem als Subalternen wieder besondere Kanzley= und Kammerschreiber untergeben waren.

So weit sie sich zusammenfinden lassen, sollen nun die Namen der beim Regierungsantritt der beiden Prinzen im Dienst gestandenen vornehmsten Räthe

the und Beamten in der Gestalt eines kleinen Adreß-Kalenders folgen:

I. Fürstliche Personen:

1) Sein Fürstlich Gnad Herr **Friedrich**, gebohren den 2. May 1459. tritt die Regierung an den 11. März 1486. vermählt mit der Königlichen Würd Sophia, König Kasimirs von Polen Tochter den 14. Febr. a. 1479. zu Frankfurt an der Oder.

Kinder:
a) der junge Herr Casimir gebohren den 17. alii 27. September 1482. (1481?)
b) Fräulein Margareth, geb. den 10. Januar 1483.
c) der junge Herr Georg geb. 1484. den 4. März.
d) Fräulein Sophia gebohren den 10. März 1485.

2) Sein Fürstlich Gnad Herr **Siegmund** gebohren den 28. Sept. 1468. tritt die Regierung an den 11. März 1486.

Geschwisterte:
1) Sein Churfürstlich Gnad Herr **Johannes**, geb. den 2. August 1455.
2) Ursula geb. den 24. Sept. 1450. Gemahlin Herzog Heinrichs zu Münsterberg, K. Georgs von Böhmen Prinzen, seit 1467.
3) Elisabeth, geb. den 29. Nov. 1451. Gemahlin Graf Eberhards II. zu Wirtenberg, seit 1468.
4) Margareth, geboh. den 18. April 1453. Aebtissin zu Hof.

5) Bar-

5) Barbara, gebohren den 30. May 1464. Gemahlin Herzog Heinrichs zu Glogau und Crossen seit 1474. Wittwe, seit 1476. Braut des König Vardislaus von Böhmen.

6) Sibilla, geb. den 31. Mai 1467. Gemahlin des H. Wilhelms von Jülich seit 1481.

7) Dorothea, geb. den 12. Decemb. 1471.

8) Elisabeth, geb. den 8. April 1474. Braut des Grafen Hermann zu Henneberg.

9) Anastasia, geb. den 17. März 1478. Braut des Grafen Wilhelm von Henneberg.

Mutter der regierenden Herren:
Frau Anna, Herzog Friedrichs von Sachsen Tochter, vermählt mit Churfürst Albrecht den 28. Febr. 1458. Wittwe den 11. März 1486. residirt zu Neustadt an der Aisch.

Hausvogt derselben Christoffel Fuchs.

II. Geheimes Ministerium:

Landhofmeister: Herr Georg von Absperg Ritter.

Obermarschall: — —

Kammermeister: — —

Hausvogt: Herr Sebastian von Seckendorf.

Kanzler: Hans Völker.

III. Das Land auf dem Gebürg.

A. Hauptmann:
Herr Siegmund, Herr zu Schwarzenberg.

B. Räthe.
Herr Sebastian von Waldenfells, Ritter.

Heinz

Heinz von Kindsperg.
Wilhelm von Wildenstein.
Eberhard Fortsch.
Christoffel von Guttenberg.
Hans von Schaumberg zu Strößendorf.
Hans von Feilitsch.
Nickel von Hirsperg.
Veit von Schaumberg.
Thomas von Reitzenstein.
Christoffel von Sparneck.
Kilian von Waldenfels.
Sebastian von Wiersperg.
Fritz von Sparneck zum Hallerstein.
Heinz von Kotzau.
Gabriel ⎱ von Redwitz.
Claus   ⎰
Günther von Weyer.
Heinz von Waldenfels.
Jacob Heimburg zu Lauenstein.

C. Hofgericht.
(s. unten.)

D. Oberster Forstmeister
Günther von Weyer.

E. Canzley auf Plassenburg.
Doctor: Strauß.
Landschreiber: Friedrich Prucker.
Probst: Herr Heinrich Halbherr.
Kanzleischreiber:
Hofgerichtschreiber:

F. Amt=

F. Amtleute.

Kulmbach: der Hauptmann auf dem Geburg.
    Hanns Fleischmann, Kastner.
    Lorenz Stublinger, Vogt.
    Kontz Günther, Vogt zu Stanibach.

Hof: Herr Hans von Auffeß, Ritter.
    Hans Thalmann, Kastner.
    Kontz Krotendorfer, Vogt.

Baireuth: Herr Wilhelm von Lentersheim, Ritter.
    Hanns Sendelbek, Kastner.
    Jörg Schafhäuser, Vogt und Richter.

Zwernitz: Herr Sebastian von Waldenrode, Ritter.
    Philipp Kießling, Kastner.

Weißenstadt: Herr Hans von Hirsperg, Ritter.

Creußen: Herr Konrad von Künsperg, Ritter.

Franckenberg: Götz Plassenberger, Amtmann.

Berneck: Herr Veit von Waldenrode, Ritter.
    Larenz Fursvch, Vogt zu Gefrees.

Stein: Veit von Schaumberg, Pfleger.

Hohenberg: Herr Niklas Schirndinger, Ritter.
    Fritz vom Ende, Kastner.

Selb: Herr Sittich von Zedwitz, Ritter.

Kirchenlamitz: Herr Hauns von Tomberg, Ritter.

Emtmannsberg: Jörg von Waldenrod.

Neuenstadt: Kunz von Wiersperg, der Jüngere.

Mönchberg: Martin von Spärneck.
         N. N. Thalmann, Kastner.
Beheimstein: Heinz von Rüßenbach.
Spieß: Fritz Stör, Pfleger.
Thierstein: Wilhelm Schirndinger.
Schauenstein: Jörg Schirndinger.
Casendorf: Hanns Rauschner.
Goldkronach: Hanns Haueisen.
Osternoh: Jörg von Embß.
Thiersheim: Moritz von Eglofstein.
Wiersberg: Jörg von Waldenrod.
Baiersdorf: Hanns Truchses von Wetzhausen, Amtmann.
         Erhard Beringer, Kastner.
Erlang: Wolf von Stolzenrod, Pfleger.
Neustadt an der Aisch: Sebastian von Seckendorf, Amtmann (wenigstens seit 1489.)
         Heinz Nürnberger, Kastner.
Dachsbach: Hanns von Eglofstein, Amtmann.
         Hanns Staudt, Richter.
Thusbronn: Moritz von Eglofstein, Amtm.

Am 30sten März 1486. trafen die beiden neuen Regenten zu Plassenburg ein, wo sie bereits die ganze obergebürgische landsäßige und lehenbare Ritterschaft versammelt fanden. Die ersten Geschäffte ihrer Regierung waren daher, von dieser Ritterschaft sowohl die Unterthans- als Leheneide zu empfangen. Darauf gings an ein Confirmiren der bisherigen Privilegien für die Städte und die Geistlichkeit. Alle Schenkwirthe ließen ihre Concessionen, die Schutzbefohlne ihre Schirmbriefe, die Handwerker ihre Ordnungen erneuern. Aus denen der Geistlichkeit ertheilten Concessionen ersieht man, daß die

Geistlichen allenthalben Concubinen und Bankerte hatten; nur war ihnen verboten, denselben in ihren Testamenten etwas zu vermachen.

Hierauf sorgten die beiden Fürsten, auch ihrer Seits die Erneuerung ihrer Reichslehen und der kaiserlichen Privilegien zu suchen. Am 2ten May 1487. erfolgte die feierliche Belehnung zu Nürnberg, vor dem kaiserlichen Thron mittelst der Fahne, für den Churfürsten Johann, und seine Brüder zu gesammter Hand, über die Churfürstenthümer, Fürstenthümer, über Stettin, Pommern, das Land der Cassuben, Wenden und Rügen und über das Angesfäll des Herzogthums Meklenburg, worüber zum Ueberfluß die Churfürsten noch ihre besondere Willebriefe ausstellten. Nicht weniger ließen sie sich an demselben Tag die kaiserlichen Privilegien über die burggräflichen Landgerichte, über die Reichs-Pfandschaften, über die Kloster-Vogteyen, über die Regalien, und über die Gültigkeit der Churfürst: Albrechtischen Successionsordnung bestätigen.

Nur in so fern wollen wir hier die im J. 1492. unternommene nicht in die Geschichte des Landes gehörige Reise M. Friedrichs zum heiligen Grab erwähnen, als sich dabei ein Vorfall ereignete, der die damals noch so rohen Sitten des Adels beweist. Begleitet von dem Ritter Apel von Seckendorf und dem Eberhard von Streitberg bekommt der Markgraf auf der Heimfahrt zwischen Rhodus und Kandia Lust zum Spiel. Er bot daher dem von Streitberg an: "ihm einen Bock zu schlagen", der es sich aber verbat, weil er dies Spiel verredet hätte. Sogleich trat Seckendorf herbei, um

den

den Bock zu schlagen, den ihm aber der Markgraf nicht halten wollte, worauf sich folgender Hader zwischen ihnen erhob:

Seckendorf: Warum wollt Ihr denn gerade mit den Bock nicht halten? Ihr seyd traun ein rechter Abentheurer und solltet nur mit Abentheurern spielen! Der geringste Bube auf der Galeere mögt sich einen solchen Abschlag nicht gefallen lassen.

Markgraf: Wisse, daß du dich wegen dieser Rede mit mir vertragen sollst, oder du wirst mich schneller auf dir als neben dir finden.

Seckendorf: Hm! was wollt Ihr mir denn thun?

Markgraf: Ins Angesicht will ich dich schlagen!

Seckendorf: Ich bitt Euch um alles, was habt Ihr denn gegen mich? Thut, was Ihr wollt, nur laßt das Schlagen seyn, sonst werdet Ihr zuletzt geschlagen. Ich diene nicht um Schläge!

Markgraf: Die sollst du auch dann nur haben, wenn du dich nicht mit mir vertragen willst.

Seckendorf: Gott soll mich behüten, daß ich mich mit meinem Herrn selber schlage. Aber stellt mir einen an Eurer Statt.

Markgraf: Dir getrau ich mir selber Manns genug!

Seckendorf: So reuen mich nur meine langen Dienste, die ich Euch gethan.

Markgraf: Die will ich dir mit zwey Pfenningen bezahlen. Hast du mir Einen Dienst gethan, so hast du zwey dagegen bekommen. Schä-
me

me dich! wir sind hier auf einem Weg, wo
wir alle sollten Brüder seyn. Wär' mir lieber, dir liebs und nicht leids zu erweisen.
Darum verschone mich, izt. (Geht ab).*)

Markgraf Friedrich glaubte nicht, seinen Bruder Siegmund zu überleben. Ueberfallen von einer
gefährlichen Krankheit machte er am 11. März 1489.
(also gerade an dem Sterbetag seines Vaters) in
Gegenwart des Hauptmanns, Herrn Siegmunds
von Schwarzenberg und 17 adelicher Zeugen seine letztwillige Verordnung, daß man ihn ohne Gepränge zu Heilsbronn begraben und Siegmund,
so lang er unverheirathet bliebe, das Land
alleine regieren solle. Insonderheit glaubte
er nicht ruhig sterben zu können, ohne ihm die lö b-
liche Ritterschaft recht ins Herz empfohlen zu
haben. Allein das Schicksal beschloß das Loos zu
wechseln. Siegmund, der allenthalben den König
Maximilian auf seinen Zügen begleitete **), kam
endlich krank und schwach nach Ansbach zurück. Da
nun die Reihe an ihn war, sein Haus zu bestellen,
so verbat auch er sich, daß sein Sarg nicht mit Pferden gefahren werde, denn das sey ein Hoffart und
dien der Seele nit. Vorzüglich empfahl er seinem
Bruder den Herrn Veit von Lentersheim und Jör-
gen von Seinsheim, die ihm sonderlich lieb,
auch Wigoleus v. Seckendorf, Christoffeln Schenken von Hohenberg, den Martin von Berlichingen,
den Barbier Conz, den Doctor Jerung, den Kaplan

*) Der Markgraf selbst hat diese Unterredung nieder-
schreiben lassen.

**) Seine Gelder ließ sich Siegmund 1492 durch Wech-
sel nach Trier übermachen.

mann Hans Klinger, den Schreiber Jörg Reim=
linger, der das Verzeichniß seiner Schulden habe,
und den Büchsenmeister Peter. — Viertausend
Gulden, die er dem Herzog Albrecht von Sachsen
im Spiel abgewonnen, sollen, als ein böses Gut,
zu einem Spital verwendet werden, wofern die Be=
zahlung zu erhalten wäre. Am Ende bittet er noch
für die armen Unterthanen, daß sie sein Bruder
nicht zu sehr mit dem Wildpret beschädige! Er
starb den 26. Febr. 1495.

Ruhe sanft, du guter junger Mann! Deine
letzte Bitte für die armen Unterthanen hat jetzt erst
unser guter König Friedrich Wilhelm erfüllt.

Unter einem feyerlichen Hochamt, welches der
Abt zu Langheim hielt, wurde Sigmund in der Für=
stengruft zu Heilsbronn beigesetzt. Worauf in dem
Schloß zu Ansbach eine ungeheure Schmauserey für
die ganze Leichenbegleitung erfolgte.

Friedrich war eben auf dem Reichstag zu
Worms, als er die Nachricht von dem Tod des ein=
zigen Bruders erhielt. Bevollmächtigte an selner
Statt sollten noch einmal von dem Land auf dem
Geburg die Huldigung empfangen, wobey sich 133.
Edelleute*), darunter 8 Ritter waren, gehorsam zu
Plassenburg einstellten.

So sah sich also Friedrich in dem alleinigen
Besitz der Regierung des ganzen Landes, die wir
nur in ihren einzelnen Zweigen näher betrachten
wollen.

Sein erster Minister, oder Hofmeister hieß
Hans von Eyb, sein Marschall Veit von Vesten=
berg.

*) Von diesen waren a. 1541. noch 5 am Leben.

berg. Völker stand noch auf seinem Posten als Kanzler; der Doctor hieß Johann Pfotel. Das Amt eines Hauptmanns auf dem Gebürg, das Herr Siegmund von Schwarzenberg beim Regierungsantritt bekleidete, versah seit 1491. der Hausvogt, Sebastian von Seckendorf, der es schon a. 1483. vor dem Amtsantritt des von Schwarzenberg eine kurze Zeit verwaltet hatte. Seit 1493. an war aber Cunz von Wiersberg wirklicher Hauptmann und neben ihm Friedrich Prucker noch Landschreiber.

In diesen Händen befand sich die Leitung der Geschäfte. Begriffe von Ordnung und Sparsamkeit hatten bereits unter der vorigen Regierung Wurzel gefaßt, und wo konnte man wohl das Bedürfen einer guten Kameralverwaltung lebhafter fühlen, als in einem Hause, welches die Erfahrung gemacht, daß man um Geld auch Churfürstenthümer kaufe?

Von dem Zustand der Finanzen belehrt uns ein noch vorhandener Aufsatz, wie Markgraf Albrecht mit Markgraf Friedrich bey der Land halben geredt. In diesem schlägt der alte Vater die Einkünfte vom Gebürg und hiernieden (d. i. vom ober- und untergebürgischen Fürstenthum) so nun das Land lose (schuldenfrey) ist, an, auf 65000. Gulden, an Geld und Getraid, 3000. Fl. mehr oder weniger. Davon gehe ab für die Hofhaltung 13000. Fl. für Amtleute, Knechte, Zinsen und Leibgedinge 10000. Fl. für Hofkleidung, Pferdeschaden und Herren-Zehrung (d. i. Bewirthung der Gäste) 6000. Fl. im Ganzen 29000. Fl. blieben also noch übrig 36000. Fl. und zwar baar 26000. Fl., an Getraid 10000. Fl. Die Geldlie-
ferun-

ferungen geschähen im obergebürgischen Fürstenthum ausschließend an den Hauptmann, im untergebürgischen an den Rentmeister. Ueber die Michaelisgülte mußte der Kastenamtmann seine Rechnung zu Oberstén (6. Jenner) über die darauf folgende Walburgi-Gülte zu Johannis, und über die Steuer und Getraid-Einnahme zu Reminiscere stellen. Bei der Rechnungsabhöre wurde er nicht eher aus der Stube gelassen, bis er sein in der Einnahme überschleßendes Geld baar aufgelegt. Unmittelbar nach der Getreidrechnung nahm man den Kastensturz vor. An Habern pflegte man aus den fürstlichen Getreidekästen im Oberland jährlich bei 3000. Simmra zu verkaufen, jedoch das Simmra nicht unter 1 Fl. und nicht länger als auf halbjährigen Verborg; für das Bedürfniß der armen Leute sollte abgegeben werden: 162. Simmra Korn, das Simmra zu 3. Fl. 50. Simmra Gersten zu 2½ Fl. und 287. Simmra Haber zu 1. Fl. (Kastenordnung von 1469.).

Die Abgaben welche in des Markgrafen Kasse flossen, waren entweder solche, die er theils von seinen Domänen als Gutsherr, theils als Landesherr sowohl von seinen als den übrigen Hintersassen der Güterbesitzer zog. Das Verhältniß des Gutsherrn mit seinem Hintersassen war sich fast nirgend gleich und beruhte ursprünglich auf wechselseitigen Verträgen. Ein solcher Vertrag zwischen dem Kloster Hailsbronn und seinen Hintersassen zu Neuhof bestimmt, daß ihnen die klösterlichen Grundstücke nicht zu Erbrecht, sondern nur zur Sicherheit und Gunst, sie nicht um einer höhern Gülte oder eines liebern Mannes willen zu vertreiben, so lange sie oder ihrer Kinder eines lebten, verliehen werden sollten. Jeder dieser Klostermänner, an der Zahl zwölf,

zwölf, erhielt eine Hube, zu 60. Morgen Land gerechnet, mit Inbegriff 4 Tagwerk Wiesen; davon er abgeben mußte 5. Simmra Roggen, 3. Simmra Haber, 2. Pfund Heller an Geld, und den großen und kleinen Zehnten. Hauptrecht zahlten sie nicht.

"Wär es auch, daß ihr einer stürb und ließ
"nach ihm so kleine Kindelein, daß sie dem Gut
"nicht selber mögen getun, mögen sie denn einen
"ihrer Freundt gehaben, der ihr Vormund will
"seyn und sie verwesen, bis daß sie gewachsen,
"dem soll man das wohl gönnen."

Auf vielen Gütern saßen die Bauern als Pächter um das halbe Korn, wovon sie Halbbauern hießen; wieder andere besaßen ihre Güter zu Kaufrecht, d. i. sie durften dieselben um einen gewissen Preis (gewöhnlich zwischen 20. bis 40. Fl. verkaufen) und gaben dann vom Gulden einen Groschen dem Gutsherrn ab, der sie durch dieses beschränkte Verkaufsrecht zu einer freiwilligen Verbesserung ihrer Felder aufzumuntern glaubte. Unter M. Friedrichs Regierung wurde es Grundsatz, allenthalben auf den fürstlichen Domänen statt dieses Kaufrechtes ein Handlohn einzuführen, wie z. B. im Amte Hof 1491. geschah. Von Leibeigenschaft findet sich im obergebürgschen Landesantheil, außer einigen Edelmanns-Hintersaßen, wenige Spur, sondern vielmehr im Gegentheil, daß eine Menge Bauern Abkömmlinge ächt-adelicher Familien waren. So gab es z. E. Himmelkronische Klosterbauern, Namens Fortschen, die Brüder der Fortschen zu Pesten gewesen. Bei einem Zeugenverhör deponirte ein Pößlinger von Obernsees: "Er sey ein Edelmann und nähre sich vom Bauernhandwerk." Welcher

cher Bauer keinen Lehenherrn hatte, sondern auf einem völlig eigenen Gut, oder auf einem blosen Tropf- oder Gemeindehaus saß, mußte sich einem andern Herrn in Verspruch geben, oder sein Mundmann, Schutzverwandter werden. Die Entscheidung B. Friedrichs vom Jahr 1377. erlaubt den Hintersassen der Voigtländischen Ritterschaft, sich mit ihrer Person von den adelichen Gütern wieder hinwegzubegeben (sich zu verwegelosen) doch soll dies jeden Jahrs entweder 14. Tage vor oder nach Lichtmeß geschehen. Beim Abzug sollen sie alle ihre fahrende Habe, ausgenommen den Dünger, mit sich tragen und treiben, ja sogar noch den Winterbau, gegen Entrichtung des Michaeliszinses, einerndten dürfen.

Die landesherrlichen Abgaben bestanden in Forstrecht, Siechelfuter, Rüchenhühnern, Ungeld und Steuern. Das Forstrecht, eine auf dem Gut liegende Abgabe an Haber, entrichteten diejenigen Hintersassen an die fürstliche Forstmeistereyen, denen eine gewisse Holz- oder Hutbenutzung in dem landesherrlichen Wildbann vergönnt war. Saßen sie auf ausgereuteten Gründen im fürstlichen Wildbann, so gaben sie Siechelfuter, d. i. ein gewisses Maas Haber in den fürstlichen Marstall, wo man den Futterkasten die Siechel (wahrscheinlich von Seckel) zu nennen pflegte. Als Zeichen des schuldigen Heeresdienstes *) mußte der Bauer jährlich ein Rüchenhuhn, entweder in die Hofküche nach Plassen-

---

*) Jörg Fortsch hat ein Söldengut zu Weitlahm, darauf sitzt Albrecht Baumann, gibt Ruchenhühner und raißt mit dem Land; Plassenburger Landbuch von 1531. fol. 443.

senburg oder zum Kastenamt entrichten, welche Hühner jedoch mit den außerdem gewöhnlich gewesenen Zinshühnern, die man dem Gutsherrn gab, den Faßnachts- und Verspruchhühnern zum Bekenntniß der Schutzherrschaft, den Gartenhühnern zum Bekenntniß der Zehntbarkeit des Gartens, den Laubhühnern, für die Erlaubniß Laub und Streu zu sammeln, und den Bubenhühnern, als Bekenntniß der Eingehörigkeit nicht zu verwechseln sind. Die nemliche Heeres Pflichtigkeit verband auch sämtliche Unterthanen zu den Kriegsfrohnen, die zwar in der Reihe herumgehend, aber ihrer Natur nach nicht gemessen seyn konnten.

Ungeld war damals noch keine allgemeine von den Landständen bewilligte, sondern blos eine von den städtischen Bräugerechtigkeiten in die landesfürstliche Kasse fliessende Revenüe; Im Amt Mönchberg bräute man aus 5 Kar Malz 15 bis 16 Eimer und gab dann davon 8 bis 9 Pfund Ungeld. Im Selber Amt gab man von jedem Eimer 1 Pfund, in Arzberg von 8 Kar Malz 1 Gulden, in Wunsiedel vom Brau 1 Gulden. In Weißenstadt brauten sie aus 6 Kar Malz 20 Eimer Bier, Würz genannt, und gaben davon einen Ungarischen Gulden. Creußen gab von 15 Eimer 10 Pfund. Neustadt an der Aisch vom Fuder Wein 2 Fl. vom Bier 1 Fl.

Wenn man eine Steuer umlegen wollte, so wurde sie zuerst in den Kirchen verkündet. Einige Zeit darauf fand sich der Kastner mit dem Landknecht in den Dörfern ein, und ließ durch vier Glieder aus der Gemeinde, die man die Steuermeister hieß, das Vermögen eines jeden Inwohners taxiren. Hierauf
ge-

geschah die wirkliche Anlage der Steuer so, daß von jedem Heerd 1 Gulden, und von dem tarirten Vermögen der 10te Theil bezahlt werden mußte. Diese Steuer wurde jedoch in mehreren leidentlichen Zielen bezogen, und natürlich nicht alle Jahre, sondern nur von Zeit zu Zeit wieder gefordert. Die Städte handelten gewöhnlich auf eine Summa in Bausch und Bogen. So vertrugen sich z. E. bei der Steuerumlage im Jahr 1444. die Städte und Märkte auf folgende Summen:

Kulmbach auf	3500 Fl.
Baireuth	3000 s
Creusen	600 s
Pegnitz	200 s
Plech	200 s
Berneck	330 s
Gefreß	200 s
Casendorf	200 s
Helmbrechts	150 s
Schauenstein	90 s
Münchberg	1000 s
Hof	3500 s
Kirchenlamitz	200 s
Weißenstadt	400 s
Leuthen	60 s
Thiersheim	130 s
Arzberg	80 s
Wunsiedel	2000 s
Selb	150 s
Rehau	150 s
Himmelkron	700 s
Wiersberg	250 s
	17090 Fl.

Die

Die Aemter wurden angelegt:

	Fl.
Plassenburg zu	1649
Stambach	98½
Mittelberg	69
Wiersberg	115
Berneck	300
Goldkronach	28½
Baireuth	2187½
Münchberg	716
Schauenstein	626
Altstadt Hof	160
Amt Hof	102½
Naila	70
Die Erbleute im Amt Hof	170
Spitalleute	230½
Weißenstadt, Kirchenlamitz, Thiersheim, Selb, Wunsiedel	1657½
Behelmstein	397
Creusen	244½
Zwernitz	305
Die Siebendörfer	300
Baiersdorf	380
Dornpenz (Dormitz)	12
Spardorf	1
Alten Erlang	13
Gabelmühl	10
Hofmann zu Seebach	15
Stadt Erlang	300
Dachsbach	600
die Mundleute im Amte	50
Hagenbüchach	200
Liebenau	30
Neustadt an der Aisch	2000

Neus

	fl.
Neustadt Amt	600
Castell Amt	300
Brichsenstadt	200
Osternohe	50
Spieß	50

Sma. Summarum 30227½ fl.

So lange der Markgraf die Steuer aus eigéner Macht umlegte, erstreckte sie sich blos auf die Städte, auf die geistlichen Güter, von denen man eine besondere Pfaffensteuer bezog, und auf die fürstlichen Domänenbauern; der adeliche Hintersasse und der Edelmann selbst in Rücksicht seiner schuldigen Ritterdienste, wofern er auf einem eigentlichen Rittergut saß, wurde vors erste mit der Steuer verschont, es sey denn, daß er, wie der Fälle unzählige sind, auf einem gemeinen Bauernhof wohnte, von dem er, laut der noch vorhandenen Landbücher, gleich andern Unterthanen frohnen, raisen und steuern mußte. Nur zwen Auswege blieben dann übrig, entweder sich los zu bitten, oder seinen eigenthümlichen Hof lehenbar zu machen. So bald aber mit dem Anfang des 16ten Jahrhunderts die Steuern von den Landständen verwilligt wurden, wozu hauptsächlich die Landesschulden Anlas gaben, so wurden nicht nur die adelichen Hintersassen der landesherrlichen Besteurung unterworfen, sondern der Edelmann selbst mußte aus seinem eigenen Vermögen noch überdem einen ansehnlichen Beitrag thun. Bei dem alten Hofgericht galt es als Regel: der Bauer verdient sein Gut mit dem Sack, der Ritter mit dem Pferd. Mußte aber der mit dem Sack dienende Bauer dessen ungeachtet auch noch dem Landesherrn außerordentlich steuern; so konnten eben so wenig den Edelmann seine Ritterdienste von der Steuer-Pflicht befreyen.

Als ein vortreffliches Hilfsmittel, bei der Kameralverwaltung eine allgemeine Uebersicht zu erhalten, dienten die so genannten Landbücher, in welchen alle Schuldigkeiten der Unterthanen, die in den Dörfern gesessene Edelleute, die Grenzen der Dorfsmarkungen, und sonst noch andere wichtige Privilegien und Urkunden eingetragen wurden. Da sie von dem Landschreiber, als einem beeidigten Staatsbeamten in Gegenwart der fürstlichen Unterthanen, der Klösteranwälde, der Edelleute und Hintersassen aufgenommen worden, so fand gegen ihre Beweiskraft zu keiner Zeit ein Zweifel statt. Als Friederich die Regierung überkam, fand er nur von zwey Aemtern solche schätzbare Landbücher vor, nemlich über die Herrschaft Plassenburg eines von 1398. und über Baireuth eines von 1398. und 1444. Er ließ aber dergleichen ähnliche Bücher über die so genannten Sechs (damals Fünf) Aemter a. 1499., über Neustadt am Culm 1501., über Hof a. 1502., über Zwernitz a. 1504., ganz neu verfertigen, und das Baireuther Landbuch a. 1499. erneuern; eine Anstalt, die mit sehr vieler Mühe und Kostenaufwand verbunden war, und noch jetzt beinahe täglich benutzt werden muß.

Lange Ketten der prächtigsten Waldungen, unter diesen besonders der Selber Wald und der zwey Quadratmeilen große Reichsforst, verbreiteten sich über des Oberlands Gebürge. Allein Schaaren von
Bau-

Bauern, die ohne Aufsicht ihr Holz fällten, Guts-
besitzer die sich nach Belieben unabsehbare Strecken
ausreuteten, hier Heerden von Schaafen, die die
hoffnungsvollsten Keime zerbissen, dort ungeschreckte
Horden von Wild, ausgebrochene Teiche, von muth-
willigen Hirten niedergebrannte Schläge, die schönsten jugendlichen Bäume ausgesogen von dem unbe-
obachteten Pechscharrer, die herrlichsten Anflüge von
Schleißen - und Schindelhauern abgetrieben, gaben
allenthalben das Bild einer erbarmungswürdigen Verwüstung. Auch hier sollte Ordnung hergestellt werden. Der Hofmeister Hans von Eyb selbst erhielt
im J. 1491. den Auftrag, in Begleitung des Landschreibers Prucker und des Kammerschreibers Nörd-
linger die Waldungen zu besichtigen, bei welcher
Gelegenheit der emsige Prucker die noch vorhandene
merkwürdige Waldbeschreibung verfertigte. Diese
vollendete Besichtigung hatte denn zur Folge, daß
kein Holz mehr ohne Anweisung gehauen werden
durfte, daß man die unbedingte Beholzungsrechte
der Gemeinden auf bestimmte umzuändern suchte, daß
das Pechsieden, außerhalb den Sechs Aemtern verboten, die Holzpreise erhöht, die Ausfuhr des Holzes ins Bambergische gehemmet wurde.

Man fand in den Mönchberger Waldungen wenig Bauholz; die jungen Anflüge durch die nieder-
gestürzten faulen und dürren Stämme erstickt. In
Rehau ließen die vielen Hammerschmiedten, von denen der ganze Markt lebte, und die für ein aus 2
Lachtern Holz gebranntes Fuder Kohlen 7 Pfennige
bezahlten, bereits einen beginnenden Mangel des
Holzes empfinden. In Arzberg kosteten hundert
Fuder Holz (7 Scheit zu einem Fuder gerechnet), einen

nen bis anderthalb Gulden. Nach der Besichtigung steigerte man den Preis auf 4 bis 5 Gulden. Zu Neustadt am Kulm galt die Klafter Holz 15 Pfenninge, und eben so viel das Fuder Kohlen im Jößler Forst; man setzte den Preiß auf 21 Pfenninge. Hundert Fuder Flößholz aus dem Selber Wald konnte man um 5 Fl. haben. Der Reichsforst war beinahe gänzlich abgebrannt. Gutes Zimmerholz mußte man bis vom Fichtelberg herholen *).

Die Jagden waren ein Accidens der Amtleute, die sie an gemeine Bauern wieder verpachteten. So fieng ein solcher Bauer im Kornberg 31 Schock kleines Wildpret in den Fallen, und gab dem Rehauer Amtmann vom Schock 5 bis 6 Stücke. Nicht allein litten die Jagden bey solchen Verpachtungen, sondern es beklagten sich auch die Bauern, denen das Holz wegen der Fallen gesperrt war. Noch dazu hörte man allenthalben von dem Schaden, den die Wölfe, besonders im Jößler Forst, unter dem Wildpret anrichteten. Die Waldbesichtiger drangen auf ihre Vertilgung. Sie wohnten in eigner Person hin und wieder den Bären-Jagden bei. Die Wildmeister hatten Befehl, eine hinlängliche Anzahl Hasen, Eichhörner, Hühner und Schnepfen und was der Wolf angefressen in die fürstliche Küche zu liefern; das Federspiel und namentlich die Blau-

---

*) In den Sechs Aemtern waren a. 1499. zwey Förster im Reichswald, 1 zu Wunsiedel, 1 zu Selb, 1 zu Lenthen, 1 zu Wendern, 1 zu Hochstett, 1 zu Weißenstadt. Die Aemter Baireuth, Creußen und Frankenberg hatten 12 Forstknechte, nemlich 1 zu Kottenbach, 1 zu Bindloch, 2 im Jößler Forst, 2 im Creußner Forst, 1 zu Mistelbach, 1 zu Plessen, und noch 4 an unbenanten Sitzen.

Blaufüße, Habichte und Sperber nicht zu vertreiben.

Das Personal der Jägerey und des Forstwesens stand unter einem Obersten Forstmeister, dem wieder besondere Forstmeistereyen zu Neustadt im Forst, zu Langenstadt, zu Selb ꝛc. untergeordnet waren. Gemeine unerfahrne Menschen versahen die Stellen der Förster (Forstknechte) und Wildmeister. Nicht selten sah man das Amt eines Forstmanns mit der Würde eines Landknechts vereinigt.

Ungefähr 15 Pechwaider trieben ihr Wesen an den seufzenden jungen Bäumen des Fichtelgebürges. Dafür gaben sie dem Landesherren einen jährlichen Zins an Pech, gewöhnlich einen Centner, (zu 6 Wag gerechnet, im Preis einen Gulden) empfiengen ihre Erlaubniß in der ordentlichen Form eines Lehens, und gaben bey Veränderungsfällen ein Handlohn. Bald nach der Besichtigung, im Jahr 1493. erschien für sie eine eigene Ordnung, kraft deren nur große Bäume, und der Baum binnen 10 bis 15 Jahren nicht öfter als einmal gerissen werden sollten.

Weit früher, nemlich schon im Jahr 1398. hatte man für eine Zeidelordnung gesorgt. Zeidler heißen diejenige, die sich in den Wäldern mit der Bienen-Pflege und dem Honig-Bau beschäftigten. Den Inbegriff derjenigen Bäume, den sie sich zur Warte auserkohren und bezeichnet hatten, nannte man eine Zeidelweide. Auch diese wurden in ordentlicher Lehensform vor dem jährlich zweimal feierlich gehaltenen Zeidelgericht empfangen, erbten auf die Kinder fort und konnten auch veräußert werden.

Bei ihrer Belehnung überreichten sie 1 Schilling Heller, 1 Zeidelseil, ein Sumer oder Kreyen genannt, eine Peunthacke, 2 Immen und 1 Schwarm, und als jährlichen Zins von der Peunte ½ Maaß Honig. Da wo noch kein Baum gezeichnet war, konnte jeder seine Weide anlegen (lochen und wipfeln) aber nie durften Bienen aus einer Weide gefaßt und in die andere gebracht werden. Wer besezte Bienen erstieg, dessen Leib und Gut war verfallen. Die Zeidler zu Weißenstadt, Wunsiedel, Hohenberg, Kirchenlamitz, Hof, Mönchberg, Schauenstein hielten ihr Zeidelgericht zu Weißenstadt alle Montage nach Quasimodogeniti, und Michaelis; die in den Hauptmannschaften Baireuth und Plassenburg zu Drossenfeld. Die Glieder des Gerichtes waren Zeidler, Vorsitzer der Forstmeister. Jeder Zeidler, er mochte was anzubringen haben, oder nicht, mußte anwesend seyn. Die Gerichtsstrafen unter 10 Pfund gehörten halb der Herrschaft, halb den Zeidlern, über 10 Pfund der Herrschaft allein. Außer den Belehnungen, Uebergaben, Erkenntnissen, Verordnungen, und Strafen in Zeidelsachen, sprach das Gericht in der Gestalt eines Austrags auch über Bienenstreitigkeiten außer ihrer Genossenschaft. Im Jahr 1459. erhielt diese Zeidelverfassung neuerdings die fürstliche Bestätigung; im Jahr 1571. war sie gänzlich zerfallen.

Vorüber war des Bergmanns goldene Zeit. Zwar baute man noch auf Silbererz im Tennich bei Rehau, auf Eisen auch zu Rehau, bei Hof in der Fischergasse (seit 1515.) bei Mönchberg, Sparneck, auf der Dürrenweide bei Geroldsgrün (seit 1477.), auf Kupfer und Eisen zu Naila, ungefähr

fähr seit derselben Zeit und unter der Aufsicht des Kunststeigers, Hermann Staud aus Nürnberg. Zinnwäschen waren zu Kirchenlamitz, Epprechtstein, Wonsiedel, Weißenstadt, Schönlind, Schwarzenbach $\frac{a}{s}$ Fattigau ꝛc. Nach Bleyerzt grub man zu Lichtenberg. Außerdem findet man in den Lehensbüchern noch folgende Bergwerke benannt, aber ohne Nachricht, ob und welches Mineral sie zur Ausbeute gegeben. Nemlich am Fichtelberg auf dem Ochsenkopf, hinter dem Geiersberg, auf der Platten oberhalb Weidenberg, am Kirchberg ob Helmbrechts, am Mittelberg ob Nemmersdorf, im Reichsforst, zwischen der Farnleite und dem Plettenberg, zu Berneck an der Eisenleite, zu Gefres, im Kupferlohe zwischen Kreußen und Gotsfeld, hinter St. Jobst, zu Baireuth an der Hohenwarte. Aber vergeblich suchte man nach Goldkronachs gesegneten Mienen, die in früherer Zeit der fürstlichen Kammer 1200 Gulden wöchentlich ertragen haben sollen. Es mögte wohl diese Angabe zu übertrieben seyn. Keine einzige Rechnung aus Churfürst Albrechts Zeit läßt eine solche reiche Goldausbeute errathen, und wenigstens müßten die Gruben schon seit dem Hussitischen Ueberfall eingegangen seyn. Unter der gegenwärtigen Regierung betrieb man das Bergwerk an der Silberleite bei Goldkronach, und die alte Goldzeche, welche mehrere Theilnehmer auf Hoffnung bebauten. Auch hatte man zu Jessenbach im Münchbergischen ein Goldseifenwerk. Die bleibende Armuth der fürstlichen Kassen, der steigende Preiß des Goldes zeigt, mit welchem Erfolg dies geschehen. Gewöhnlich mußte derjenige, welcher auf eigene Spekulation irgendwo schürfen wollte, in

der

der fürstlichen Kanzley einen Suchbrief lösen, und wenn er dann eine Fundgrube entdeckt zu haben glaubte, sich förmlich damit belehnen lassen. Die Theilnehmer hießen Gewerkschaften, ihre Antheile Kuxen, mehrere Kuxen (man findet in den Rechnungen deren 32) eine Schichte. Bei den meisten Schichten war die Kammer mit einer beträchtlichen Anzahl Kuxen mitinteressirt. Der Herrschaft gebührte von der Ausbeute der rote Kübel als Erzzehnten, und dann noch, wenn die Theilnehmer das Metall zu Geld wollten münzen lassen, ein Schlagschatz, nemlich von der Mark Gold ein Loth, vom Silber ein Gulden. Durch Zins- und Steuerbefreyungen, durch Anordnung eines eigenen Berggerichts, das seine Bergtage zu Goldkronach und Gefres hielt, durch freyen Holzgenuß, sicheres Geleit suchte M. Friedrich die Gewerkschaften zu Goldkronach, Mönchberg, Sparneck, Gefres, Berneck, Kirchenlamitz, Schauenstein zu ermuntern. Es wurde Donnerstags nach Lichtmeß 1506. eine eigene Bergordnung, die älteste, die wir haben, entworfen. Uebrigens scheint es, daß man sich nach dem Iglauer Bergrecht gerichtet, so wie man sich in Münzsachen auf den Gebrauch in der Kremnitzer Münze bezog.

Öfters suchten Betrogene oder Betrüger den leichtgläubigen Fürsten mit abentheuerlichen Geschichten von vergrabenen Schätzen zu locken. "An der "Luchsburg im zerbrochenen Schloß, so erhielt der "Fürst ein namenloses Schreiben, im eingefallenen "Keller liegt Silber, Gold und Edelgeschmeide in "einem viereckigten kupfernen Kessel, eine Elle hoch "und breiter, als eine Elle, voll gemünzter Gulden; "auf demselben steht ein scheulicht kupfern Gefäß, "darinn

„darinn ist eine Krone von Gold und dabei schöne
„Kleinodien und Edelstein, das etwa einem König
„räublich genommen, und auf dem Schloß behalten
„ist, durch ein Münchlein, hat schwarze Kleider,
„das klein ist und hinkt, zu erheben. Das soll ge-
„schehen in Epiphania 1504. Oportet fieri per conju-
„rationes, und unter der niedersten Staffel ist ein
„vierecket Loch, darinn der Schatz steht, darum müs-
„sen die Staffeln von oben herab aufgehoben wer-
„den bis auf die Untersten." Der Markgraf, dessen
schwache Seite gerade die Gespensterfurcht war, ist
ganz gewiß nicht erschienen; und der Schatz wird
also, wer es versuchen will, auch noch in Epiphania
1804. zu heben seyn.

Von den damaligen Polizeianstalten im Allgemeinen zeigt der am 17ten März 1486. zu Frankfurt geschlossene Landfriede, welcher sich auch über
die beiden Fränkischen Fürstenthümer erstreckte, aller
Fehde ein Ende zu machen suchte, die Straßenplak-
ker für vogelfrey erklärte und von den Edelleuten
sich Briefe und Siegel geben ließ — künftig
nicht mehr zu rauben. Unbekannte Horden
und Züge, denen man begegnete, mußte man bei
Leib- und Lebensstrafe im nächsten Amte anzeigen.
Ohne Geleit sollte kein Kaufmann reisen. Eine allgemeine über das platte Land sich erstreckende Polizei-
anstalt war es auch, daß im Jahr 1486. verbotten
wurde, das Getraid aus dem Lande zu fahren, weil
ein sprödes Jahr vorhergegangen. Noch mehrere
Ausflüsse der Polizeigewalt, Sicherheitsanstalten,
Wuchergesetze, u. dgl. dachte man sich damals zum
Ressort der peinlichen Justizgewalt gehörig.

Hauptsächlich hielt man die städtischen Gewerbe und den darauf gegründeten Handel für den eigentlichen Gegenstand der Polizeiaufsicht. — Eine allgemeine Organisation der Städteverfassung erfolgte im Jahr 1434. durch die Stadt- und Gerichtsordnung Churfürst Friedrichs. Ihr zu folge sollte jede Städtische Verwaltung in den Händen zweier Burgermeister, eines wechselnden Rathes und eines Gemeinde-Ausschusses bestehen. Der Rath soll alle Jahr am dritten Ostertag von neuem gewählt werden, und zwar also, daß der fürstliche Vogt Einen aus dem alten Rath ernennt; beide erwählten hierauf noch einen dritten; mit dem neugewählten dritten vereinigen sie sich auf einen vierten und so weiter auf einen fünften. Diese 5 Wähler, nemlich der Vogt mit vier Rathspersonen ernennen nun die Rathspersonen auf das neue Verwaltungsjahr. Dabei konnten sie den ganzen alten Rath bestättigen, bis auf zwei, die jährlich wenigstens abgehen und andern Platz machen mußten. Der auf diese Art erneuerte Rath erwählte sich hierauf seine zwei Burgermeister, die so wohl von dem Vogt als dem Rath verpflichtet wurden, alle Steuer, Bede, Zise (Accise) und übrige Fälle getreulich einzunehmen und zu verrechnen. — Die Befugniß des aus zwey Personen bestehenden Gemeinde-Ausschusses war, bei der jährlichen Abhör der städtischen Rechnungen anwesend zu seyn, was sie dabei wider der Herrschaft, der Stadt oder der Gemeinde Nutzen bemerken, zu offenbaren, und gemeinschaftlich mit einer Rathsperson die Aufsicht über das städtische Bauwesen zu führen.

Zum Bürger durfte niemand aufgenommen werden, der entweder ein unverrechneter Amtmann,

mann, oder ein Leibeigener war, oder einen Krieg vorhanden hatte. Der aufgenommene schwur im Beyseyn des Vogts, der Herrschaft, dem Rath und der Stadt. Ohne Willen und Wissen des Vogts und des Raths war keinem der Abzug erlaubt, und weil die städtischen Steuern nicht voraus, sondern Jahr und Tag nach der Verkündung bezahlt wurden, so mußte natürlich ein solcher abziehender Bürger noch seinen Jahrgang der verkündeten Steuer, d. i. die Nachsteuer entrichten.

Die Gotteshaus-, Spital- und Pfründerechnungen wurden vor dem Vogt, dem Pfarrer, den Spitalherren und Verwesern abgehört.

Die Gewerbe in der Stadt arbeiteten nicht sowohl auf Bestellung, als auf Kauf. Dieser Verkauf mußte aber in öffentlichen Bänken unter dem Rathhaus geschehen. Verkauf im Hause war schlechterdings keinem, nicht einmal dem Becker, erlaubt. Jedes Gewerb hatte seine vom Rath verordnete Schau, die alle Wochen die Handwerksstätten visitirten, ob sie ihre Arbeiten polizeimäßig lieferten, und dann wieder in der Bank Obacht gaben, daß sie solche vorschriftmäßig verkauften. Die Gesellen hieß man Knechte, die Jungen Lehrknechte; man forderte von ihnen das Zeugniß einer ehelichen Geburt. Von den nothwendigsten Handwerkern durfte auf dem Land nur in jedem Pfarrdorf Einer sitzen.

Das wichtigste Handwerk in der Stadt Baireuth, waren die Weber. Jedes Stück Tuch, das sie lieferten, hielt nach der Vorschrift 32 Stadtellen und in der Breite 32 Fäden. Jedoch konnten die Mörltuchmacher zu 31 Fäden breit arbeiten. Wollen

oder

oder Remlesgarn (Kameelgarn; von Baumwolle findet man noch gar nichts) zu verarbeiten war dem Leineweber untersagt. Die Stadt hielt eine Wage, worauf man die Wickeln und Weseln, die man dem Weber verkaufte, wiegen lassen konnte. Für eine Wesel zu spinnen zahlte man bis 4½ Pfenning, von einem Wickelein 3½ Pfenning. Alle Montag, Mittwoch und Sonnabend von 12 bis 2 Uhr war auf dem Rathhaus die Tuchschau, wo die Weber ihre gefertigten Tücher besichtigen und zeichnen lassen konnten. Das Zeichen bestand an einem Ende in einem Stempel auf dem andern in einem angehefteten mit einem Adler gezeichneten Stückchen Bley. Ohne dieses Zeichen, wofür man ein Zeichengeld bezahlte, durfte kein Tuch verkauft werden. Diese große Sorgfalt für ächte Waare läßt vermuthen, daß die hiesigen Weber große Lieferungen außer Lands zu machen hatten.

Man unterschied die inländische Schaafe in Flämische und in Zauppeln. Die im Jahr 1469. aus Ansbach nach Plassenburg überschickte Schaafordnung gebot, niemand sollte Schaafe halten, der nicht vor 40 Jahren schon dazu berechtigt gewesen, und über 600 Stücke sollten auch in der größten Schäferey nicht überwintert werden. Jedoch der biedere Hauptmann auf dem Geburg, Ritter Heinrich von Aufsees, weigerte sich, diese Ordnung zu publiciren,
"weil sie wider die Unterthanen und ganz für
„die Prälaten und Edelleute wäre."

Hierauf antwortete der Markgraf:
"Weil das so sey, so woll er hieoben nicht darauf
„bestehen, und wär das Wildpret nicht gewesen,
„er hätt es hienieden auch nicht gethan."

Jeder

Jeder Leineweber war zugleich ein Blaufärber, jedoch durfte er nicht das gefertigte Tuch, sondern sogleich das Garn färben. Vermuthlich gab der allgemeine Gebrauch blauer Hemden zu dieser Blaufärberey der Leineweber Anlaß. Allein auch hier sorgte die Polizey wieder für ächte Farbe, oder Waid. Dem Weber war nicht erlaubt, in seinem Haus, sondern im öffentlichen Färbehaus, mit Beyzug der beeidigten Waidmesser, Waidbegießer, Walker, Streicher und Unterkünder (d. i. Einheizer) zu färben.

Die Fleischhauer verkauften unterm Fleischhaus nach geschehener Schau. Was da hieng, war kaufbar, und es galt keine Ausrede, daß es schon ein anderer bestellt. Mastvieh aus der Stadt hinaus zu verkaufen, war nicht erlaubt. Sommerszeit sollte der Metzger nicht mehr als 15 Schaafe, im Winter 50 Hämel halten und davon wenigstens die Hälfte für die Stadt verschlachten. Ein Kalb mußte wenigstens 3 Wochen alt seyn. Auf dem Schlachten eines siechen Viehs stand außerordentliche Leibesstrafe. Schweine, die man bei der Schau pfinnig befunden, mußten 4 Wochen stehen bleiben und dann aufs neue besichtigt werden. Zum Behuf derjenigen, die ihr Vieh in der Stadt verkaufen oder welches einkaufen wollten, waren von Stadtswegen Viehmäkler bestellt, die man Unterkäufer hieß. Die Fleischtaxe war 1464. für

1 ℔ Schweinefleisch	. .	5 Hellr.
1 Bratwurst ein ℔ schwer	.	1 Pfen.
1 ℔ Rindfleisch von dem besten	.	2 Pfen.
1 ℔ Mittelsorte	. .	3 Hellr.
1 ℔ Hamelfleisch	. .	2 Pfen.

1 ℔

| 1 ℔ Kalbfleisch | . | . | 3 Heller. |
| 1 ℔ Bockfleisch | . | . | 3 Heller. |

A. 1506. empfand man jedoch schon das Steigen der Preise. Ein Ochs kostete damals schon gewöhnlich 6 Gulden, 1 Kuh 4 Gulden, das Pfund Rindfleisch 4 Pfenninge, 1 ℔ Kalbfleisch 3 Pfenninge, der Centner Butter 8 Gulden.

Ein richtiger Satz bleibt es, wo die Lebensmittel wohlfeil sind, da ist es theuer zu leben. Die Leichtigkeit, sich die nöthigsten Bedürfnisse des Lebens müßiggehend zu erwerben, muß in einer noch nicht genug veredelten Menschenart einen solchen Grad von Stumpfheit und Arbeitsscheue erzeugen, der nur durch den Reiz einer ganz ungeheuren Bezahlung gemindert werden kann, und so hebt also die Last eines unerschwinglichen Arbeitslohns den Vortheil der wohlfeilen Lebensmittel wieder doppelt auf. Ein Taglöhner erhielt 18 Pfenninge täglich, damit konnte er sich 9 Pfund des besten Rindfleisches kaufen, thut also nach unsern jetzigen Preißverhältnissen täglich *Einen Thaler*. Für einen Strang zu spinnen verlangte eine Spinnerin über 4 Pfenninge, also mehr als den Preiß von 2 Pfund Rindfleisch, d. i. heut zu Tag 20 Kr. Der geringste Miethsoldat diente sich täglich auf 8 Pfenninge, gleich dem Preiß von 4 Pfund Rindfleisch, d. i. jetzt 40 Kreuzer täglich.

Alle Mittwoche und Sonnabende nur pflegten die Becker frisches Brod, genannt Semmeln, Löfel, Röckel und Laib, in der Fastenzeit aber Fastenbrezen und gekümmelte lange Röckelein zu backen. Die Brodtaxe richtete sich nach dem Getraidetralbepreiß. A. 1506. koſtete zu Kulmbach und Baireuth das Simmra Korn 4 Fl., der Waizen 5 Fl., Gerſten 3½ Fl., Haber 1 Fl. In den 6 Aemtern und im Amte Zwerniz war das Getraid jederzeit etwa um ein Fünftheil theurer. Als Nebengewerb trieben die Becker die Schweinmaſtung, doch ſollte deren einer nicht mehr als 8 Stücke halten.

Die Ordnung, die das Baireuther Stadtbuch den Müllern gibt, iſt unvollendet, und enthält blos die Beſtimmung der Größe des Laufs um den Mühlſtein.

Den Lederern, die vier Jahre zu lernen hatten, war geboten, ihr Leder nicht zu viel oder zu wenig zu ſcheren, und kein verbranntes zu verkaufen.

Die Schuſter ſollen das Leder oben und unten ſchmieren, kein Brandleder verarbeiten, die Nathen ſtempen, keine Solen auf dem Aß ſchwärzen, Stiefeln und kurze Schühe mit Drath nähen, keine alte Solen unterlegen, nicht ſelbſt Leder feil haben, nicht außer dem Haus arbeiten. Aus einer Kuhhaut ſoll er im Stand ſeyn zu ſchneiden: 1 Paar Herrenſtiefel mit einem Hinterfalz, 1 Paar Bauernſtiefel, 1 Paar geſchreinte Frauenſchuh, 1 Paar geringelte niedere Schuh, 1 Paar geſchnürte Schuh. Altreyßen verfertigten blos Schnürſchuh aus altem Leder. Ein Paar Stiefel koſtete 1506. einen Gulden, eben ſoviel ein Sattel.

Dem Kandelgießer war erlaubt, zu ſeinem Zinn den 10ten Theil Bley zu ſezen. Auf jede Kanne mußte er das Zeichen der Zinnwährung und über dem das der Stadt-Aiche ſchlagen. Da dieſe Zinngießergießerordnung blos von Kannen spricht, so haben sich unsere durstige Anherren ihre Teller, Schüsseln und Löffel vermuthlich beim Zimmermann bestellt.

Der Edelmann und Pfaffe durfte blos so viel Bier, als er zu seinem Haustrunk bedurfte, brauen. Das ganze übrige platte Land, mußte sein Bier aus den umher liegenden Städten holen, für welche die Brauerey einen der einträglichsten Nahrungszweige ausmachte. — Außer Kulmbach und Plassenburg baute man auch allenthalben umher zu Melkendorf, Pezmannsberg, Burghaig, Veitlahm, Seidenhof, Mainleus, Pöllnitz, Frankenberg, Katschenreuth, Zedlitz, Wickenreuth, Mangersreuth, Wein, den die Eigenthümer selbst ausschenkten. (Hofgerichts= buch 1509. fol. 352.) Im Jahr 1487. erließ Mark= graf Friedrich eine Verordnung, die Abstellung der Weinverfälschungen betreffend. Kraft dieser soll ein fuderichtes Faß mit nicht mehr als 1 Loth lautern Schwefel geschwefelt werden. Die Namen der in der Verordnung vorkommenden Weine sind: Alaunt, Salve, Wermuthwein, (welche 3 Sorten auch Würz= weine hießen) ferner Beerwein, Kempwein, Mal= vasier, Rheinfall und Welschfall. Die Maas Kulm= bacher Wein kostete 6 Pfenninge, Frankenwein 10 Pfenninge, in Vergleich des Fleischpreises aber= mals ein sehr theurer Artikel.

Bei einem so übermäßigen Arbeitslohn, bei einer so drückenden Theurung der feinern Lebensbe= dürfnisse vermogte die Handlung im Allgemeinen nicht zu blühen. Wohl aber zog derjenige, der Thätig= keit und Muth genug hatte, sein Capital daran zu wagen, und dem es glückte, den Schlingen der

der auflauernden Straßen-Placker zu entgehen, ganz unglaubliche Procente. Solche glückliche Kaufmannsfamilien, denen das Hazardspiel zwischen Bettelstab und Tonnen Goldes gelungen, waren in den Sechs Aemtern die Wanne, die Becker, in Hof die Schützen.

Ueber Hof zog sich der Transitohandel von Franken und Baiern nach Leipzig *). Unter die wichtigsten Handelszweige jener Stadt gehörte das Getraid. Vierzig Wagen gewöhnlich, und öfters hundert alle Wochen kamen aus Sachsen an. Ihr berühmtester Markt war der Laurenzi-Markt, den die Kaufleute bis von Bamberg her bezogen. Im J. 1508. errichteten sie auch den Paulmarkt. Höfer Kaufleute bezogen die Leipziger Messe mit Schleyer und Tuchwaaren, machten aber schlechte Geschäffte. In ganz Hof konnte man im Jahr 1544. keine Assignation erhalten, um den fürstlichen Stipendiaten in Leipzig 200 Gulden auszubezahlen. Hingegen brachten die Blechschmiede zu Wunsiedel, die sich im Jahr 1475. wegen einer zu Nürnberg entstandenen Theurung hieher gezogen, von jeder Leipziger Messe über 4000 Gulden baares Geld zurück.

Wenn man die alten Rechnungen von der fürstlichen Hofhaltung durchgeht, so sieht man, daß man zu Anfang dieses Jahrhunderts aus Nürnberg die Gewürze, Zucker, Baumöl, Seifen, Schießpulver, Papier (das Rieß zu 1$\frac{1}{4}$ Gulden, eine Sorte Papiers

---

*) Von dem zu Hof herrschenden Luxus zeigt das im Ende des 15ten Jahrhunderts dort befindlich gewesene gemeine Frauenhaus, aus dem Longolius (Nachrichten X. 29.) nicht wußte, was er machen sollte, so aber bekanntlich ein Bordell ist.

piers hieß Ravensburger) Pergament (die Haut zu 1 Fl.), Wachs (den Centner zu 16 Fl.) kommen ließ. Feine Leinwand holte man von Nördlingen. Aus Bamberg kamen die Frankenweine (der Eimer mit Fracht nach Kulmbach 2 Fl.) Arzeneyen und Confecte. Das Lundische Tuch nahm man zuweilen von Frankfurt, außerdem auch von Nürnberg. Ueber Hof verschrieb man sich die Lachse (eine Tonne um 10 Fl.) und Heringe, die Tonne zu 6 Fl. Außerdem wurde bei der fürstlichen Tafel kein anderes als Höfer Bier getrunken, wenn nicht zuweilen über Koburg eine Tonne Einbekisches Bier ankam, die mit Fracht $1\frac{1}{2}$ Fl. kostete. Das Schlachtvieh trieb man ebenfalls von Hof über Stambach, theils auch von Ansbach her. Schweine kaufte man in Eger ein. Die Salzniederlage war in Baireuth, die Scheibe kostete $6\frac{1}{2}$ Pfund d. i. $1\frac{1}{2}$ Gulden, woher es kam, findet sich nicht. Eine große Glaßfabrik bestand zu Bischofsgrün, wo man Fensterscheiben, das Reff oder einen Tragkorb zu $\frac{1}{2}$ Fl., ferner Weins- Biers- und Harngläser machte. Der Centner rohes Eisen kostete nicht gar 2 Fl.

In eben diesen Rechnungen kommen vor Pelze, gewöhnlich von Marder, Feder-Betten, Stubenöfen, Wachslichter, Seiden (das Pfund 5 Gulden.)

Außer der schon erwähnten Straße von Franken nach Sachsen über Hof, zog sich noch eine zweite Hauptstraße durch das obergebürgische Fürstenthum von Nürnberg nach Böhmen über Eger. Nach den alten Zollrollen zu schließen war die Nürnbergische Einfuhr ins Böhmen Wein, Wolle, Leinwand, dagegen exportirten die Böhmen rohe Häute, gegerbte Felle,

Felle, Roberwan genannt, (Korduan) Kupfer, Zinn, Thran, Talg, Salz, Loden oder grobe Wollentücher.

Die schon im Jahr 1327. von Burggraf Friedrich privilegirte Keßlerszünfte zogen von einem Ort zu dem andern und behaupteten ein ausschließendes Recht, alle Kupferarbeit zu fertigen und zu verkaufen.

Zu Hof, zu Baireuth, zu Neustadt, zu Baiersdorf, ꝛc. saßen Jüdische Familien. Nach dem Baireuther Stadtbuch hatten ihre Handlungsbücher gar keine Beweiskraft. Den Räubern und Dieben sollten sie nichts heimlich, sondern offenbar vor der Hausthür bei scheinender Sonne abkaufen, nichts auf blutige Gewande und Kirchengeräthe auch nicht, auf Harnisch und Geschoß der Bürger leihen. Der Judenbrief von 1473. bestimmt, daß ein Jude nicht schuldig seyn soll, einem Christen zu Recht zu stehen, als an dem Ort seiner Wohnung, vor einem fürstlichen Commissär, zwey frommen Christen und zwey unverläumdeten Juden. Sie sollten blos durch das einstimmige Zeugniß zweyer Juden und zweyer Christen, die ihre Feinde nicht wären, überwiesen werden können, nirgend einen Leibzoll, sondern jährlich dafür nur überhaupt 15 Gulden zu einer Armbrust und Zielpolz bezahlen, und ungehindert von einer Stadt zur andern ziehen dürfen. Im J. 1484. gaben beide Jüdischheiten, ob und unter dem Gebürg, 800 Gulden jährliches Schutzgeld, der Frau Markgräfin 100 Gulden Geschenk, dem ältesten Prinzen auch 100 Fl. und dem zweyten 50 Fl.

Nur Markgräfliche, Bambergische, Oberpfälzische und Nürnbergische Münze sollte im Land gel-

gelten. Der Gulden war jederzeit in 20 Schillinge, der Schilling in 12 Pfenninge eingetheilt. Hingegen waren die **Pfunde** eine blos idealische wandelbare Eintheilung des Guldens, die sich nach dem von einer Zeit zur andern steigenden Verhältniß des Silbers zum Golde richtete, so daß der Gulden, der kurz vor Anfang der gegenwärtigen Regierung 4 Pfund enthielt, am Ende derselben auf 8 Pfund stieg, d. i. man mußte für einen Gulden in Gold (Silbergulden gab es damals noch nicht) noch einmal so viel Silber als vorher bezahlen. Der Preiß des Goldes stieg, der Silberpreiß fiel um die Hälfte.

Im Jahr 1465. waren noch 5 Pfund in Silber gleich einem Gulden in Gold. Churfürst Albrecht setzte aber durch eine Verordnung d. d. Onolzbach Mittwochs vor Valentini bei den fürstlichen Kassen fest, daß wer 5 Pfund zu zahlen hätte, entweder einen Gulden in Gold oder $7\frac{1}{2}$ Pfund in Silber geben sollte, wodurch die Geldeinnahme der fürstlichen Kassen auf ein Drittheil, jeder Pfenning zu 3 Heller erhöht wurde. Im Grund, scheint es, lag bei dieser Verordnung blos eine Finanzspeculation verborgen, und man wollte wohl dadurch nicht den allgemeinen öffentlichen, sondern nur einen Kassen-Cours bestimmen. Im Jahr 1470. ergieng so gar die Verordnung, daß wer 4 Pfund in die Kasse zu geben schuldig sey, einen Gulden in Gold zu geben hätte. Dieses idealische Kassengeld war also noch einmal so schwer als das Courante. Statt eines Faßnachtshuhns sollte man bezahlen 5 Pfenninge (NB. um 5 Pfenninge kaufte man in Baireuth $2\frac{1}{2}$ Pfund Rindfleisch, jetzt gleich 25 Kreuzer), für ein Herbsthuhn $2\frac{1}{2}$ Pfen., ein Zehnthuhn 2 Pfen., ein Forsthuhn

huhn 3 Pfen., Zehntkäs 2 Pfen., Herbst- Forst-Pfingstkäs 3 Pfen., Weidkäs 2 Pf., 1 Schock Eyer 6 Pfen., ein Lamsbauch 15 Pfen., 1 Gans 6 Pfen.

Im Jahr 1487. vereinigte man sich mit Bamberg, Ober-Pfalz und Nürnberg, die Münzen nicht aus dem Land zu führen, noch weniger zu verstümmeln. Ein großer Schilling soll zu 10 Pfen. ein kleiner zu 5 Pfen. gerechnet werden. Eine spätere Uebereinkunft von 1495. woran jedoch Nürnberg keinen Theil nahm, bestimmte: Aus Einer Mark Silber soll man münzen 90 große oder 180 kleine Schillinge. Eine Mark Pfenninge soll halten 4½ Loth feines Silber. 40 Stück Pfenninge sollen auf ein Loth gehen. Von fremden Münzen sollten gangbar seyn: die Etschischen Knacken, die Kreuz-Blafferte, die Schlangenblafferte, die Böhmischen Groschen, die schwarze Kreuzblafferte, die Würzburger Münzen, die Peterpfenninge. Nach einem fürstlichen Befehl von 1502. sollten von diesen gangbaren Münzen 8 Pfund 12 Pfenninge von andern fremden Münzen aber 8 Pfund 24 Pfen. auf einen Gulden in Gold bei den Kassen gerechnet werden. Die Münzordnung von 1503. setzt einen Rheinischen Goldgulden auf 8 Pfund 12 Pfen. in Silber, einen Etscher Kreuzer auf 4 Pfen. 10 Ipsbrücker auf einen Gulden. Ueber 1000 Gulden an silberner Schillingmünze sollte kein Fürst prägen lassen.

Nach der Münzordnung von 1506. soll ein Goldgulden enthalten 18½ Karat fein. 107 Karat sollen auf 1½ Cöllnische Mark gehen. In den fürstlichen Kassen rechnete man einen Rheinischen Goldgulden zu 8 Pfund, einen Ungarischen zu 10. Von den Schrek-

Schreckenbergern, die damals häufig vorkommen, giengen 7 auf einen Rheinischen Gulden.

Nirgends regte sich für die **Künste** ein Gefühl. Die wissenschaftliche Cultur beschränkte sich auf die Erlernung eines barbarischen Lateins, auf Arzneykunde verbunden mit Astrologie, auf eine pfäffische Postillenweisheit, und eine geschmacklose Chronikenschreiberei. Auf Juristerei legte man sich beinahe gar nicht *).

Alle diese Weisheit holte man aus **Leipzig**. An den Schulen zu Kulmbach und Baireuth stand gewöhnlich ein Schulmeister (heut zu Tag Rector) ein Jungmeister und zugleich Vorsinger (heut zu Tag Conrector) und ein Locat d. i. Miethling, heut zu Tag der Tertius, den aber der Rector, so wie den Jungmeister, blos nach seinem Belieben aus den ältern Studenten, gleichsam als seinen Gesellen, annahm. Die Schüler waren in Classen abgetheilt, davon man die beiden untersten Casuales und Temporales hieß, vermuthlich, weil sie erst die Casus der Declinationen und die Tempora der Conjugationen lernten. Das Baireuther Stadtbuch enthält auch, wie ein Schulmeister regieren soll und was sein Lone oder Gerechtigkeit ist. Man höre: Jedes Buch zu lesen oder zu lernen soll seine gesatzte Zeit haben, und längstens in Einem Jahr ausgelesen werden. Keiner von den Schülern soll ein Teutsch Wort reden. Man soll haben einen Lupum, der dieselben Knaben schreibe (vermuthlich die Straffälle notire) und

---

*) Während seiner ganzen Regierung gab M. Friedrich für Bücher zwei Ort d. i. einen halben Gulden aus, und dies waren, so viel aus den Rechnungen zu schließen, A B C Bücher für seine Kinder.

und sonderlich in jeder Lection einen Asinum. Weder der Schulmeister soll mit Layen Umgang haben, noch seine Schulkinder mit den layischen Knaben. Er soll sie im Gesang fleißig unterrichten und in der Kirche mit ihnen den Chor versehen. Dafür erhält alle Quatember von jeglichem Knaben der Schulmeister 12 Pfen., der Jungmeister 7 Pf., zum neuen Jahr der Schulmeister 2 Pf. der Jungmeister 1 Pf. ungerechnet was sie beim Weihnachtumsingen vor den Häusern erhalten. Ferner hat der Schulmeister zu empfangen von dem Frauenmesser jährlich 5 Gulden für das Singen in unserer Frauenmesse, 10 Pfund (das Pfund zu 30 Pfenninge) für die Begleitung der Kranken = Processionen aus der Spitalkasse, 4 Pfund fürs Psalterlesen vom Charfreitag bis zur Ostermette, für eine Vigilie mit 9 Letzen 6 Pfenninge. Für eine Leiche zu besingen 3 Pfennige dem Jungmeister. Alle Tag fand der Schulmeister im Pfarrhaus seinen bereiten Tisch. Das Holz in die Schulstube mußten die Schüler mitbringen oder einer dafür von Michaelis bis Ostern 3 Grll. bezahlen, und dem Calefactori 3 Pfen. Auch mußten die in Prima und Secunda zur Sommerszeit ein Geschenk von 5 Pfund Weichseln, 30 Weichseln zu einem Schilling, das Pfund Weichseln zu 8 Schilling gerechnet, oder überhaupt jeder Knabe 4 Pf. geben. Nach dieser Rechnung bestehen 8 Pfund aus 1440 Weichseln, im Geld angeschlagen zu 576 Pfenningen. Da nun angenommen wird, daß auf jeden Knaben ungefähr 4 Pfen. kommen mögten; so hat die Zahl der Schüler in Prima et Secunda bei 144 betragen. Die in den beiden untern Klassen sollen geben 3 ℔ Weichsel oder jeder Knabe 2 Pfen. Wenn nun 30 Weichseln einen Schilling kosten, so kosten 3 Pfund, bestehend aus 288 Stücken, 24 Schillinge oder 288 Pfenninge, welches, wenn jeder Knabe 2 Pfen. bezahlt, für die beiden untern Klassen eine gleiche Anzahl von 144 Schülern ergibt. Berechnet man nun nach dieser Anzahl die Summe der Schulgelder und übrigen Accidenzien, so wird man finden, daß sich der Schulmeister nebst der freien Kost über 75 Gulden in Gold, und also beinahe so hoch, wie ein adelicher Amtmann gedient. So wie sich die auf Naturalbesoldungen gesetzte Predigerstellen meistens vortrefflich conservirten, so haben sich hingegen die auf baares Schulgeld gesetzte Lehrämter erbärmlich verschlimmert. Allgemein lag dem Prediger die Last ob, dem Schullehrer die Kost zu reichen, und es steht noch zu erörtern, ob sie sich davon mittelst eines billigen und dauernden Ersatzes zum Schulfond oder nur eigenmächtig freygemacht. Wo auch eine Pfarrgebühr in Geld bestimmt war, da wußte man bald die Taxe mit dem gangbaren Preiß-Courant ins Verhältniß zu setzen, während dessen der arme Schulmeister sich mit seiner alten Münztariffe fortschleppen mußte. Nach dem Baireuther Stadtbuch gebührten dem Pfarrer von einer Taufe nicht mehr als 3 Pfen., dem Kirchner 1 Pf., von einer Leiche eben so viel, von einer Vigilie jedem anwesenden Priester 6 Pfen. dem Pfarrer des Orts 18 Pf., für 30 Seelmessen zu lesen 3 Pfund.

Die größte Bibliothek in der ganzen Stadt Baireuth war wohl die bei der Magdalenenkirche, die aus 42 Stück, meist Postillen, Meßbüchern und Brevieren bestand, darunter auch eine Summa von den sieben Todsünden, eine Materia, wie der Catalog besagt, die gar gut zu predigen ist.

Doch

Doch fehlte es nicht an vaterländischen Schriftstellern. Herr Ioannes Linturius, nach Teutscher Zunge, Hans Lindner, gebürtig aus Mönchberg, im Jahr 1474. zur Würde eines Leipziger Magisters erhaben, und darauf Pfarrverweser zu St. Michael in Hof, fügte dem seiner Meinung nach unsterblichen Werk des Werneri *Rollewinck*, betittelt Fasciculus temporum, einen Appendicem bei, der vom Jahr 1475 bis 1514. reicht, eine Art Chronik, die Widmann in seiner historischen Compilation von Hof benutzt (dieser Lindnerische Appendix steht in *Pistorii* (auch in *Struvii*) Scriptor. Rer. Germ.) Ferner rührt von Meister Lindnern ein Regiſtrum ſeu Directorium Rerum agendarum parrochialis eccleſiae S. Laurentii in Hof.

Während dieser hochwürdige Herr sich über seine Opera nicht wenige brüstete, entwickelte sich das glücklichere Genie eines im Jahr 1477. zu Neustadt an der Aisch, gebohrnen Judenjungen, Namens Elias Levi, oder Levita. Als einen armseligen wandernden Judenschulmeister führte ihn sein günstiges Gestirn bis nach Italien, wo unter einem glücklichern Himmel der Teutsche Schleyer von seinen Augen fiel. Hier machte er sich allmählig durch seine bewunderte Schriften als den größten Kenner der Orientalischen Sprachen, als einen denkenden Sprachforscher, einen scharfsinnigen Critiker, und als einen geschmackvollen schönen Geist bekannt. Zu Venedig, zu Padua, zu Rom, wo er sich abwechselnd aufhielt, buhlten die größten Prälaten, selbst die Kardinäle, um seinen Umgang, seinen Unterricht, seine Freundschaft. Die reichste Prälatenpfründe würde diesem Manne nicht entgangen seyn, hätte

hätte er seine jüdische Kinde von sich werfen wollen. Er starb arm und unbelohnt im Jahr 1549. zu Venedig. Noch jetzt wird sein Name in der gelehrten Geschichte mit Achtung genannt. Sein Vaterland, wo er sich vom Jahr 1509. an einige Zeitlang aufhielt, behandelte ihn, wie den gemeinsten Juden.

In einem Zeitalter, das so wenig Empfänglichkeit für Künste und Wissenschaften zeigte, läßt es sich auch denken, wie man alle Tage Kriege und Fehden führte, ohne sich nur träumen zu lassen, daß man auch diese Sache zu einer Kunst und Wissenschaft erheben könne. Die ganze Kriegsverfassung beruhte darauf, daß der Markgraf eine Zahl seiner Amtleute aufbot, die ihm dann mit dem Troß ihrer Ueberreuter, Einspänniger und Landknechte und mit einem Haufen aufgebotener Bauern zuzogen, auf dem Sammelplatz noch einige solcher rohen Haufen, den Commandanten mit ein paar plumpen Plassenburger Kanonen, aber keine Lebensmittel antrafen. Nachdem man sich hierauf ein paar Tage mit Plündern und erpreßten Lieferungen das Leben gefristet, und unzählige Fehlschüsse auf die da hängenden Felsennester gemacht, so gieng es gewöhnlich in der schönsten Unordnung wieder aus einander und der Zwist wurde meistens durch gütliche Austräge geschlichtet, oder der Kreuzzug nach einiger Zeit wieder erneuert, bis endlich einmal Verrätherey, oder unverzeihliche Nachlässigkeit der Belagerten, oder eine gereizte thierische Wuth, diesen bunten Horden einen totalen Sieg in die Hände spielte.

Nichts gieng über die Ungeschicklichkeit der Büchsenmeister, die oft einen ganzen Tag entweder

neben

neben vorben, oder darüber hinausschossen. Man theilte das Geschütz in Büchsen und in Feldschlangen, aus jenen schoß man mit Steinen, aus diesen mit Bley. Dabey gebrauchte man auch noch Pfeile. Bey einer Hauptbüchsen sollten sich ordnungsmäßig auch befinden zwey Viertelbüchsen, 2 Schlangen, 4 Hakenbüchsen. Aus einer Hauptbüchsen schoß man des Tags ungefähr 14 mal, Steine, die 100 Pfund wogen, aber auch durch einen halben Centner Pulver auf jeden Schuß in Bewegung gesetzt werden mußten. Auf eine Feldschlange rechnete man täglich nur 10 Schuß. Eine große Hakenbüchse wog anno 1506. 1 Centner, drey kleinere eben so viel. Zwey kupferne Feldschlangen wogen 31 Centner, 2 kleinere zwölfe, das Pfund Pulver galt einen Schilling.

Die Kriegsschuldigkeiten der Unterthanen theilten sich in Ritterdienst, in Burgdienst, in die Pflicht der Mannschaft, und in die Pflicht der Reise. Die beiden erstern sind bekannt. Das Recht der Mannschaft gebührte dem Landesherrn auf allen bürgerlichen Häusern der nicht eximirten Städte und allen besetzten Kammer-Bauerhöfen des platten Landes. Zur Raise hingegen waren außer den Mannschaften auch noch verpflichtet: die Bürger der eximirten Städte, die Hintersassen der Edelleute und Geistlichen, die übrigen Schutzverwandten (Muhdmänner) und arme Leute, auf dem platten Lande, die auf keinen Höfen, sondern auf blosen Sölden, Herbergen ꝛc. saßen. Die Mannschaft, d. i. die nicht eximirten Bürger und seine Kammerbauern durfte der Landesherr nach Belieben, in seinen Privatfehden aufbieten, dahingegen die Raise nur bei einer allgemeinen Landnoth und in Reichskriegen statt fand.

fand. Klöster, Spitäler, Hammerschmieden mußten die Zeugwagen stellen. In jedem Amt gab es Muster-Rollen über die Mannschaften, die gewöhnlich so eingetheilt waren, daß ein Viertel mit Hellebarden, ein Viertel mit Armbrüsten, ein Viertel mit langen Spießen und ein Viertel mit Büchsen erscheinen mußte.

Einem Offensivkrieg, der in einem vorübergehenden plötzlichen Anfall bestand, durfte man nur als Defensivmittel eine ununterbrochene Wachsamkeit entgegensetzen. Zu dem Ende theilte M. Friedrich das Oberland in vier Kreise, worinn ein als Hauptmann bestimmter Amtmann die übrigen Aemter aufzubieten und die öffentliche Ruhe handzuhaben berechtigt war. Zum Kulmbacher Kreis wurden gerechnet: Kulmbach, Mittelberg, Casendorf, Zwernitz, Stambach, Wiersberg, Gefres, Verneck, Goldkronach und Stein; zum Höfer Kreis: Hof, Naila, Rehau, Schauenstein, Helmbrechts, Mönchberg, und das Gericht der Siebendörfer; zum Baireuther Kreis: Baireuth, Creußen, Beheimstein, Pegnitz, Rauhen- und Schlechten-Kulm, Neustadt, Plech, Spieß, Osternohe und Thurßbronn; endlich zum Wunsiedler Kreis: Wunsiedel, Hohenberg, Arzberg, Weißenstadt, Thierstein, Kirchenlamitz und Selb. Dabey erschien eine besondere Wartordnung. Hohe Wartthürme, unten ohne Thür, mit einer Falltreppe, die man in die Höhe zog, wurden auf dem Schneeberg ob dem Rudolfstein, auf dem Weißenstein, bei Stambach, auf dem Hohenberg bei Helmbrechts, auf einem unbenannten Berg dießseits der Stadt Hof, auf dem Rehberg, gegen der Plassenburg über, auf dem Kolmberg

bei

bei Baireuth, auf dem Rauhenkulm, auf dem Ruhberg zu Creußen errichtet. Zu Wunsiedel gebrauchte man den Katharinenthurm dazu. Auch waren noch besondere Nebenwarten zu Hof auf dem Schloßthurm, zu Epprechtstein, Thierstein, Beheimstein, Lindenhard. Unausgesetzt mußten hier zwey Wächter Obacht geben und so bald sie auf einer Warte eine Flamme erblickten, der Eine augenblicklich auch auf seiner Warte Feuer anzünden, der Andere eiligst zum nächsten Amtmann laufen. Auf der Stelle mußte dann dieser die Furten und Wälder besetzen, die Hölzer visitiren und in diejenige Gegend, wo man das Wartfeuer gesehen, Hilfe abschicken. Brannten unter mehrern sichtbaren Warten auf einer eine doppelte Flamme, so galt dies als Zeichen, daß die Gewalt in ihrem Bezirk geschehen. Durch diese Art von Telegrafen konnte der Fürst einen Einfall, der am äußersten Ende seines Landes geschah, binnen einigen Minuten erfahren.

Allmählig gewöhnte man sich, Hilfe gegen Selbstgewalt und Zügellosigkeit lieber von dem Ansehen der Gerichte, als dem zweifelhaften Erfolg der eigenen Fausteskräfte zu erwarten. Zwey höchste Gerichtshöfe, das Landgericht und das Hofgericht bestanden in gleichem Ansehen neben einander. Bei dem Landgericht, als dem ältesten, stellten die Herren Burggrafen gleichsam Verwalter der kaiserlichen Gerichtsbarkeit oder vielmehr Nachfolger der Franken-Herzoge vor, und da sie, oder an ihrer Statt der bestellte rittermäßige Landrichter, im Namen des Kaisers oder eigentlich als Repräsentanten des Fränkischen Herzogthums saßen, so durften selbst Nachbarn und entferntere Stände des
alten

alten Frankens sich diesem Gerichtszwang nicht entziehen. Unter dem Beginnen der markgräflichen Regierung, gieng es immer mehr in die Natur eines landesherrlichen Obergerichtes über, und nun konnte man bei demselben 2 ganz unterschiedene Sprengel, einen engern und einen weitern bemerken. Der engere bezeichnete den Umkreis eines geschlossenen Territoriums, darinn alle reichsstädtische im Burggrafthum gelegene Gebiete bis an ihre Mauern, alle Stifter und Klöster, alle adeliche Schlösser gehörten. Der weitere Sprengel erstreckte sich über die Stände des alten Frankenlandes und beruhte auf der Eigenschaft des Landgerichts als eines alten Herzogen-Gerichts.

Diesem Landgericht in seinem engern Sprengel, oder blos als landesherrlichem Obergericht betrachtet, gaben die Markgrafen Johann und Albrecht im Jahr 1447. eine neue Oranisation oder Reformation, wie man es damals nannte. Ihr gemäß sollte es richten in allen Schuldsachen, in Ehrensachen, in Sachen, die der Herrschaft Herrlichkeit betreffen, über Grund und Boden außerhalb den Städtemauern. Die Zahl der Glieder soll aus 12 Personen nebst dem Landrichter bestehen, sämtlich vom Adel, nemlich zwey vom obergebürgischen, 2 vom untergebürgischen Fürstenthum, 2 aus dem Nürnberger Rath, zwey Anleitern, und noch 4 Beysitzern, die der Landrichter bestimmt. Anleiter heißen diejenige Beysitzer, deren Verrichtung war, die Urtheile laut zu verkünden und die Partheyen als gerichtliche Commissarien an Ort und Stelle zu immittiren (anzuleiten). Außerdem gab es noch Gerichtsboten, deren einer 7 Pfenninge für die Meile erhielt. Man hielt

hielt dies Gericht an bestimmten Terminen zu Nürnberg, zu Kadolzburg, zu Fürth, zu Schwabach, oder überhaupt an einer Mahlstatt innerhalb dem Burggrafthum, die der Landrichter bestimmte. Am ersten Termin mußte eigentlich die Parthei persönlich zugegen seyn. Wer sich am vierten Termin nicht zur Beantwortung der Klage eingefunden, gegen den erhielt der Kläger, dessen Klage man eingestanden und bewiesen annahm, einen Ervollbrief, d. i. ein Executionsrescript auf die Güter des Beklagten. Sprüche von den Landgerichten zu Würzburg, Bamberg, Hirsberg, Sulzbach und Auerbach gefällt, wurden von dem burggräflichen Landgericht, wenn sie nichts präjudicirliches für dasselbe enthielten, ohne weiters bestätigt und darauf Execution ertheilt. Um ein verwirrtes Factum aus einander zu setzen, wußten die vesten Ritter, in der spitzfindigen Rechtsgelahrheit unbewandert, kein anderes Mittel, als die Partheyen hinüber und herüber schwören, und wann das nichts helfen wollte, sich mit einander raufen zu lassen. Dabey traute man dem lieben Gott soviel Ehrlichkeit zu, daß er keiner andern, als der gerechten Parthei den Sieg verleihen würde. Um seinen Gegner auf diese Art kämpflich vorzuladen, mußte man älter als 22, und jünger als 60 Jahre seyn. Jedoch räth die Landgerichts-Reformation von 1447., solche Leute lieber zu bewegen: "sich eines freundlichen Rechtens vor dem Landrichter begnügen zu lassen. Item als vor Zeiten etlich Frauen die Männer kämpflich vorgeladen, solches soll nicht mehr gestattet werden." Am 6ten Decembr. 1488. befahl Kaiser Friedrich den beiden Markgrafen: das thuen erblich zustehende kaiserl. Landgericht, nachdem es etliche Jahre ohne des Kaisers

sers Willen in Ruhe gestanden, wieder aufzurichten.

Unterdessen hatte sich diesem Landgericht, nach seinem engern Sprengel, d. i. als landesherrlichem Obergericht betrachtet, das Hofgericht ganz an die Seite geschwungen, deren eines auf dem Gebürg, das andere im untergebürgischen Fürstenthum bestand. Die älteste Hofgerichtsurkunde ist vom Jahr 1403. das älteste Hofgerichtsbuch von 1466. eine Reformation oder Hofgerichtsordnung, hauptsächlich die Appellationen betreffend, vom Jahr 1458. enthält das Baireuth. Stadtbuch von 1464.

Man hielt das Hofgericht jederzeit zu Kulmbach, anfangs des Jahres nur einmal, bald aber 2 3 wohl auch bis 6 mal in einem Jahr. Mit einer solchen Hofgerichtsversammlung giengen gewöhnlich die ersten 4 Tage der Woche vorüber. Der Präsident des Gerichtes hieß Hofrichter, eine Stelle die jederzeit der Hauptmann auf dem Gebürg, wenn er anwesend war, bekleidete. Die Beysitzer oder Räthe hieß man Urtheiler. Der Landschreiber, nachher ein eigener Hofgerichtsschreiber führte die Protokolle und Bücher. Der Regel nach saßen nur Edelleute bey dem Gericht, voran der Hofrichter mit einem Stab, dann die Ritter und hierauf die übrigen edeln Beysitzer in der Ordnung, wie sie ankamen. Selten findet man Doctoren mit unter. Bey dem Hofgericht in der Woche nach Exaudi 1507. saß ein Magister Johann Eminger unter den 17 Beysitzern auf dem letzten, in der Woche nach Maria Himmelfahrt desselben Jahrs aber unter 14 Beysitzern Herr Jobst Lorcher Doctor, Techant, auf dem ersten Platz. Dem Hofgericht im Jahr 1509.
saß

saß mit bei Johann Kyfer Doctor und Leibarzt, und im Jahr 1513. Herr Wolfgang von Thurn, Doctor, Herr Johann Kifer, Doctor, nach den Rittern und vor den übrigen adelichen Mitgliedern.

Vom Jahr 1466. an, wo die ersten Hofgerichts-bücher anfangen, folgen die Hofrichter also auf einander:

1466-75. Heinrich von Auffseß, Ritter, Hauptmann auf dem Gebürg.

1475. ☽ nach Misericordias: Dieß von der Thann, Hauptmann.

1475. ☽ ♂ und ☿ nach Dionysii Karl von Gutenberg, Hofrichter.

1476. ☽ nach Ostern — 1483. Herr Hans von Redwiß, Hauptmann.

1483. in der Woche nach Ostern, Herr Sebastian von Seckendorf, Nolt genannt, Hauptmann.

1491. Herr Siegmund Herr zu Schwarzenberg, Hofrichter.

1492. in der Woche nach Valentini, Herr Sebastian von Walnrod, Ritter, Hofrichter.

— in der Woche nach Bartholomei, Eberhard Fortsch, zu Thurnau Hofrichter.

1493. Woche nach Ostern. Derselbe.

— Woche nach Quasimodogeniti, Herr Hans von Auffseß, Ritter, Amtmann zu Creußen, Hofrichter.

1493. Woche nach Bartholomei bis 1507. Conz von Wiersperg, Hauptmann.

1507.

1507. in der Woche nach Exaudi bis 1510. Herr Ulrich von Zedwitz, Ritter, Hofmeister.

1510. Woche nach Paul Bekehrung und nach Exaudi, Hans von Reitzenstein zum Schwarzenstein, ist **geordnet worden**.

— Woche nach Michaelis, Herr Sebastian von Waldenfels, Ritter, Amtmann zu Wiersperg, geordneter Richter, d. i. den der Hauptmann oder Hofrichter an seine Stelle verordnet.

1511. Woche nach Sebastiani, derselbe, geordnet.

— Woche nach Exaudi bis 1512. Herr Ludwig von Eyb, Hauptmann.

1513. Woche nach Exaudi bis 1515. Conrad Poß von Flachslanden, Hausvogt.

1515. Woche nach Visitationis Mariä bis 1519. derselbe, Hauptmann.

1519. in der Woche nach Martini, Hans von Laineck an des Hauptmanns Statt.

1520. Woche nach Cantate, der Hauptmann Poß.

1521. in der Woche Exaudi, Karl von Hesperg, Amtmann zu Kolmberg, Hofrichter.

1522. Woche nach Lätare bis 1526. Hans von Laineck, Hauptmann.

1527. Woche nach Exaudi, Moritz von Schirnding.

— Woche nach Bartholomei bis 1528. Herr Christof von Beulwitz, Doctor, Hauptmannsverweser.

Mit was für Personen das Hofgericht im Jahr 1486. da die beiden Markgrafen die Regierung antraten,

traten, besetzt gewesen, läßt sich aus Abgang der Hofgerichtsbücher aus diesen Jahren nicht bestimmen. Im Jahr 1491. bestand es aus folgendem Personal, das sich aber bei keinem Hofgerichtsziel ganz gleich geblieben:

Hofrichter:

Herr Siegmund, Herr zu Schwarzenberg.

Urtheiler:

Herr Sebastian von Waldenrode⎫
Herr Hanns von Auffseß   ⎬ Ritter.
Herr Sebastian von Waldenfels⎭
Christof von Guttenberg.
Eberhard Fortsch.
Hanns von Schaumberg.
Sebastian von Wirsperg.
Jörg von Waldenrod.
Nikel von Hirsperg.
Mertein von Sparneck.
Jörg von Schirnding.
Ludwig von Laineck.
Jakob Haimburg.

Im Jahr 1496. als Friedrich allein zu regieren angefangen, waren Hofrichter:

Konz von Wirsperg, Hauptmann.

Urtheiler:

Eberhard Fortsch zu Thurnau.
Christoffel von Guttenberg, zu Guttenberg.
Georg von Waldenrod, Amtmann zu Mönchberg.
Heinz von Kotzau zu Kotzau.

F   Wein-

Weinprecht von Kindsperg zu Weidenberg.
Ott von Feiltsch zum Hofe.
Hanns von Reitzenstein, Hauptmann zu Hofe.
Ludwig von Lajneck zu Leysau.
Nikel von Hirsperg zu Förbau.
Fabian von Feiltsch zu Losau.
Albrecht) von Wirsperg zu) Kronach
Michel)   ) Rauenkulm.
Jacob Haymburg zum Lauenstein.

Die letzten Tage in der Hofgerichtswoche verwendete man gewöhnlich zum **Lehengericht**, größtentheils von denselben Personen besetzt, nur daß sich jetzt der Hofrichter in einen Lehnrichter, die Urtheiler in Lehenmanne verwandelten. Daß das Hofgericht in Lehensachen mit dem Lehengericht eine mitlaufende Gerichtsbarkeit ausgeübt hätte, wird sich wohl schwerlich erweisen lassen. Den hauptsächlichsten Kläger vor dem Lehengericht machte jedesmal der landesfürstliche Anwald gegen alle die, welche ihre Lehen zu muthen unterließen.

Der Kläger mußte in vier Terminen nach einander seine Klage anbringen und erwarten, ob der geladene Beklagte erscheinen und darauf antworten würde. Dies hieß die erste, zweite, dritte, vierte Klag. Am vierten Termin erhielt der Kläger, dessen Beklagter nicht erschienen, die **Ervollung**.

Man kannte keinen possessorischen noch überhaupt einen summarischen Prozeß, sondern alles wurde in den Weg der Ladung eingeleitet. Bei seinen Verhandlungen beobachtete das Gericht folgende Ordnung: daß erstens die ersten, zweiten, dritten und vierten **Klagen** zu Protokoll genommen, und die nöthi-
gen

gen Ladungen erkannt; zweitens die Appellations-
urtheile publicirt, hierauf drittens die Criminal-
sachen vorgenommen, endlich viertens unter dem
Namen der Gerichtshandlungen die Antworten
und Dupliken der Beklagten, nebst den Repliken der
Kläger zu Protokoll genommen und endlich das Urtheil gefällt wurde. Die Partheyen konnten entweder selbst Rede und Antwort geben, oder einen Beistand aus den Beisitzern verlangen, oder ihren Für-
sprecher mitbringen. Bei dem Jahr 1475. kommt
ein offenbarer Schreiber als Anwalld vor. Die
Beklagten zeigten sich theils recht trotzig und pochend,
theils kleideten sie ihre Einreden in seltsame Floskeln
ein, z. B. Beklagter achte die vorgebrachte Klage
als ein Specklein, daraus er saugen sollt eine
Süssigkeit.

Bei dem in der Woche nach Exaudi 1507. gehaltenen Hofgericht wurden die Klagen zum erstenmal
sch r i ft l i ch übergeben, und dann auf Verlangen
der Partheyen von Hofgerichts wegen verlesen. Im
folgenden Jahr fieng man an, von diesen Klagen auf
Bitten des Beklagten Abschrift mitzutheilen. Von
dem Hofgericht auf dem Gebürg appellirte man mit
der Formel: ich ding mich das gen Hof, an das
untergebürgische Hofgericht, das als Appellationsin-
stanz den Namen eines Saalgerichts führte. Hierauf mußte das Gericht die Klage, Antwort, Rede
und Widerrede aufschreiben lassen, jedoch mit Weg-
lassung des Namens der Partheyen, und so die Acten
gen Hof schicken. Zuweilen versuchten die Partheyen
an die eigene Person des Regenten zu appelliren.
Das Hofgericht nahm aber schlechterdings keine Rücksicht darauf. So appellirte zum Beispiel im Jahr
1509.

1509. ein gewiſſer Pühlmann an des Markgrafen eigene Perſon. Der Appellat verſetzte hierauf:

"es finde keine andere Appellation als an das
"Hofgericht zu Onolzbach ſtatt.

und würklich fertigte das obergebürgiſche Hofgericht,
gleich als wäre keine Appellation geſchehen, die Exe-
kutionsbriefe aus. Heinz von Laineck appellirte gleichfalls 1511. in einer Injurienſache an den Fürſten.
Dieſer verlangte auch mit Ernſt, man ſollte der
Appellation geſtatten. Gleichwohl erklärte ſie das
Hofgericht für unförmlich. -

-- Von einem Recurs an das Kaiſerliche Kammergericht findet ſich das erſte, aber auch lange Zeit das
einzige Beiſpiel, in dem Jahr 1497. in Sachen
Fuchs gegen Fortſch, jedoch nicht im Weg der Appellation, ſondern einer Klage verweigerter Gerechtigkeit. Perſonen, die ſonſt dem Hofgericht
nicht unterworfen waren, konnten gleichwohl auf deſ-
ſen ſchiedsrichterlichen Ausſpruch compromittiren. Jedoch pflegten hierbei die Hofgerichtsbücher ſorgfältig
anzumerken, daß dieſes nur ein *verwilligtes*
Recht ſey. Als allgemeine Regel galt es aber,
daß der in dem landesherrlichen Territorium gelegene
Adel hier Rede und Antwort zu geben ſchuldig ſey.

Auf die peinlichen Verbrechen ſezt das Baireuther Stadtbuch folgende Strafen: Für Fälſcher,
Mordbrenner, Kirchenräuber, Ketzer, Zauberer,
Giftmiſcher den *Brand.* Für den, der jemand
in der Nothwehr oder Zorn umbringe, und für den
Straſſenräuber (welche Paarung!) das Schwerdt.
Für einen Dieb das Erhängen am Galgen, für einen Verräther das Erhängen an einen Baum, für
einen

einen Meineid das Abhauen zweier Finger. Für Weibspersonen war die Strafe in allen peinlichen Verbrechen das lebendig Begraben. Ein Hauswirth, der nächtlicher weile jemand in seinem Hause erwischt, darf ihn in der Meinung daß es ein Dieb sey, ungestraft tödten. Entwischt er aber und beweißt nachher, daß er blos der Hausdirne wegen hineingestiegen, das muß sich der Wirth gefallen lassen. An Personen, die man mit der Todesstrafe verschonen wollte, vollzog man die Strafe an Haut und Haar, nemlich an Dieben mittelst Abschneidung der Ohren, Stellung an Pranger und Staupenschlag, an falschen Spielern mittelst Ausstechung der Augen oder Brandmarkung im Gesicht — an Felddieben mittelst des Prangers.

Nach B. Friedrichs Vergleichung zwischen der Ritterschaft und der Stadt zu Hof von 1377. wurde eine fließende Wunde verbüßt dem Richter mit ½ Pfund, dem Kläger mit eben soviel; eine einfältige Wunde jedem mit 36 Heller, ein Leumund mit 3 Pfund dem Richter und 5 dem Kläger, eine Heimsuche (d. i. ein gewaltsamer Ueberfall im eigenen Haus), mit 30 Schilling für jede, sie mußte aber mit der noch sichtbar eingehauenen Thür und den Nachbarn oberwärts und unterwärts bewiesen werden. Auf Nothzucht konnte niemand klagen, wer sich nicht auf der Stelle schreyend, mit den noch zerstreuten Haaren und zerrissenen Kleidern darstellte. Unfug am Kirchtag galt gedoppelte Buße. Gegen ein Verbrechen, wo man auf der That erwischt wurde, fand keine Entschuldigung statt. War man nicht auf der That ergriffen, sondern sonst nur durch zwey geschworne Schöpfen angeklagt, so konnte man sich von einem beschuldigten Todschlag und der Nothzucht zu siebend, gegen beschuldigte Heimsuche zu dritt und gegen die übrigen Anklagen durch einen einfachen Eid losschwören. Wer des Meineids überwunden wurde, wurde weiter für keinen Mann mehr angesehen, und mußte die Buße, wovon er sich losgeschworen, noch nachzahlen. Der Richter mit seiner Familie konnte nicht zeugen, wohl aber der Gerichtsdiener in Polizeysachen. Dienstbothen sollte man auſſer ihren gewöhnlichen Kleidungsstücken nichts aufbewahren. Ein Wirth, der seine Gäste, wenn sie Unfug treiben, prügele, soll keine Strafe geben, es sey denn, daß er sie lahm oder todt geschlagen.

Ueber Leben und Tod richtete man nicht in verschlossenen Zimmern, sondern nur unter freyem Himmel. Der Vogt erschien ganz gewaffnet, rief aus den versammelten Bürgern namentlich einen nach dem andern als Schöffen, allerwenigstens sieben hervor, setzte sich hierauf mit diesen nieder zu Gericht und vernahm hier des Klägers schnaubendes Rachegeschrey und des Beklagten jammerndes Flehen. Oefters wußte die Priesterschaft, die in allem ihre Hände hatte, einen Beklagten dadurch zu retten, oder doch wenigstens die Sache zu verziehen, daß sie, wie von ungefähr, mit dem Sakrament vorüber zog, weil dann das ganze Gericht aus einander gieng. Stehend und mit entblößtem Haupt sprach der Schöffe das Todesurtheil. War der Kläger ein Fremder, so wurden nach vollstrecktem Urtheil Richter und Schöffen in einem Gasthof von ihm stattlich bewirthet.

Daß sich auch bis hieher die Wissenden des Westfälischen Gerichts erstreckt, beweist die einem
Haus

Hans Nickel der Westfälischen Handlung halben gegen Nickeln Fortschen zu Vichtach ertheilte Landeshuldigung.

In seinen Staatsverhältnissen glich Teutschland einer Polnischen Republik, nur daß die Städte dabei eine wichtigere Rolle spielten. Man handelte selten nach allgemeinen Grundsätzen, nach einem gemeinschaftlichen Interesse, sondern die zahlreichen Stände vereinigten sich nach dem Instinkt ihrer vielfachen Provinzial- oder Familieninteressen in verschiedene Conföderationen, die sich durch ihren wechselseitigen Druck oft lange auf ihrer Stelle behaupteten, und ohne es zu ahnden einer höhern Politik zum beliebigen Werkzeug dienten. Diejenigen Stände, mit denen die Markgrafen binnen diesem Zeitraum am gewöhnlichsten zusammenhielten, waren: die Churfürsten zu Mainz, Cölln, Sachsen, Brandenburg, Wirtemberg und Hessen. Gleich nach dem Antritt ihrer Regierung ließen sich die beiden MM. Friedrich und Siegmund in das 1465. zwischen Mainz, Brandenburg und Wirtemberg geschlossene Bündniß aufnehmen. Mit dem Herzog Eberhard von Wirtemberg trafen sie 1488. noch ein besonderes Schutzbündniß. Am Montag nach St. Johannis 1487. verabredeten die Churfürsten zu Cölln, Sachsen und Brandenburg nebst den beiden Markgrafen, zu Nürnberg unter sich ein besonderes Erbbündniß. Im Jahr 1487. wurde zwischen den Häusern Sachsen Brandenburg und Hessen das 1451. getroffene Erbbündniß erneuert und 1488. vom Kaiser ausdrücklich bestättigt. Auch in den Schwäbischen Bund ließen sich die Markgrafen 1488. auf Verlangen des Kaisers aufnehmen, gleichwie sie auch dem 1486. zu

F 4 Frank-

Frankfurt geschlossenen Landfrieden einverleibe waren.

Als zwei Hauptgrundsätze in der Staatspolitik unter Markgrafs Friedrichs Regierung galten:

1) Unterdrückung der Reichsstädte,
2) Schwächung des Pfälzischen Regentenhauses.

Auf die Unterdrückung des Städtischen Tiers Etats arbeitete überhaupt schon der ganze Fürstenstand; Bei den Markgrafen kam die beständige Feindschaft mit Nürnberg noch als ein besonderer Beweggrund hinzu; daher dann auch die innige Freundschaft zwischen den Brandenburgischen Markgrafen und dem Herzog von Wirtemberg, dieser bekannten Städtegeißel, kam.

Mißtrauen und Eifersucht gegen das Pfälzische Haus, dessen weitläuftige damals noch nicht zertrümmerte Oberpfälzische Besitzungen einen großen Theil der Baireuther Lande begrenzten, veranlaßten das gute Benehmen mit Mainz, mit Cölln, mit Hessen, als solchen Fürsten, die zwar sonst in keinen Nachbarsverhältnissen mit den Markgrafen stunden, die aber am ersten im Stande waren, dem Pfälzischen Haus in seinen Rheinischen Provinzen wehe zu thun. Beseelt von einem gleichen Mißtrauen gegen Pfalz schlossen sich die kleinen Leuchtenbergischen Landgrafen an Brandenburg an.

Als Zeitgenossen regierten zu München Herzog Albrecht, zu Landshut Herzog Georg der Reiche und in der Oberpfalz Herzog Otto zu Neumarkt.

Das war ein beständiges Hin- und Herschicken, Tagsatzen und Vermitteln, zwischen den Brandenburgigischen und Oberpfälzischen Räthen, die, so lange M. Friedrich lebte, zu nichts weiter, als interimistischen Stillstandsverträgen, und Compromissen führten, wodurch die Sachen noch lange bis zum folgenden Jahrhundert (1536.) hinüber verzogen wurden. Der friedfertige Otto gab sich überdem alle Mühe, den so oft gebrochenen Frieden zwischen dem ungestümmen Herzog Georg und Markgrafen Friedrichen herzustellen, mit dem, als Nachbarn des untergebürgischen Landes, ferner wegen des Geleites zu Lauf, und hauptsächlich wegen Vorenthaltung des Schlosses Stein unaufhörliche Zwiste entstanden. Neulich im Jahr 1485. am Montag nach St. Margarethen, verpfändete Friz von Sparneck sein Schloß Stein zwischen Berneck und Gefrees, an die Herzoge Otto und Georg. Unmöglich konnte Brandenburg in dem Herz der Herrschaft Plassenburg eine so wichtige Pfälzische Acquisition erdulten; man streckte also dem Friz von Sparneck 1500 Fl. vor, um damit vors erste die an Herzog Georg verpfändete Hälfte wieder einzulösen und sie sodann den Markgrafen einzuräumen, wozu sich auch Herzog Georg kraft der zwischen ihm und dem Schwäbischen Bund zu Dünkelsbühl den 10ten Jun. 1489. getroffenen Taidigung willig erklärte, mit dem beigefügten Versprechen, der Markgrafen Wildbann und Geleit zwischen Lauf und Nürnberg nicht zu hindern. Beim Versprechen gedachte es H. Georg bewenden zu lassen. Ein abermaliger Spruch des K. Maximilian vom 4ten Junii 1492. machte so wenig Eindruck auf ihn, daß es noch die dringendsten Vorstellungen seines Neumarker Vetters bedurfte, der ihn zu diesem Ende im November zu Landshut besuchte. Der eigentliche Tag an welchem die Uebergabe erfolgt, ist nicht bekannt. Wahrscheinlich geschah sie bald

bald nach diesen Unterhandlungen. Das Schicksal seines Vetters, H. Albrechts zu München, konnte ihm auch allerdings die Nothwendigkeit nachzugeben, begreiflich machen *).

Dieser hatte sich der Reichsstadt Regensburg bemächtigt, und dadurch im Jahr 1492. eine Acht zugezogen, zu der K. Friedrich keinen bereitwilligern Executor, als den dem Bairischen Haus so abholden M. Friedrich zu finden wußte. Einen solchen Auftrag übernahm Friedrich mit Freuden, er bestimmte den nächstgelegenen Ständen einen Sammelplatz auf Sonntag nach Lätare (nachher auf Donnerstag nach Quasimodogeniti verlegt) auf das Lechfeld, den entfernten diesseits des Rheins auf St. Jörgentag gen Fürth, und denen Ständen übern Rhein übertrug er unter Anführung Herrn Wilhelms von Rappoltstein die Observirung der Franzosen. Inzwischen dem Schwäbischen Bund war es gar nicht anständig, unter einem andern Anführer, als ihrem eigenen Hauptmann zu dienen, der mit seinem Vater sehr gespannte K. Maximilian legte sich auch darein, und so rückte das Bundesheer in schönster Bedächtlichkeit aus, am 4ten Junii, kam es aber in Augsburg zu einem gütlichen Vergleich, dessen Hauptbedingung die Herausgabe von Regensburg war, welches darauf am 7ten dem Markgrafen übergeben wurde, der sich von da aus selbst zum Kaiser nach Linz, und dann wieder nach Plassenburg begab.

Bei dem Erbfolgestreit über die Verlassenschäft des Herzogs Georg zu Landshut nahm er die Partie

Her-

---

*) Im Jahr 1495. Montag nach St. Erhardstag trat auch Herzog Otto seinen Antheil des Schlosses Stein dem Markgrafen um 3000. Rheinische Gulden ab.

Herzog Albrechts gegen die Pfalzgrafen, und erhielt für die aufgewendete Kriegskosten als einstweiliges Unterpfand Seligenpforten und Freienstatt im Landgericht Hirschberg, wogegen man in der Folge das an Baiern verpfändet gewesene Amt Hohentrüßdingen und Heidenheim zurückerhielt.

Hätten die Nachfolger des Böhmischen Königs Karls IV. seine Politik befolgt, die Kaiserliche Macht als Mittel ihres Privatinteresses zu gebrauchen, weit umher alle Stände in die Schlingen ihres Lehenverbandes zu locken, und mit ihrem Geld eine Acquisition an die andere zu reihen, so würde Böhmen seinen Nachbarn verderblich geworden, ein zweites Marabodisches Reich entstanden seyn. Allein Planlosigkeit und Verschwendung vereitelte die so wohl berechneten Erfolge, und führten endlich die Hussitische Revolution herbei. Genährt durch den gemeinschaftlichen Haß gegen Baiern bestand zwischen dem Hause Luxenburg und Zollern ein inniges Vertrauen. Mit einem flammenden Eifer stellte sich also Churfürst Friedrich an die Spitze des teutschen Heers, bestimmt die Böhmische Monarchie wieder herzustellen. Und hätte er wohl nach richtigern Grundsätzen handeln können? Böhmen, unter einer bessern Verwaltung, in andern als luxenburgischen Händen, hätte das bisherige Verhältniß der sichern Nachbarschaft ändern können. Um nicht sein dargelehntes vieles Geld zu verlieren, mußte man suchen, das brennende Haus des Schuldners zu retten. Von ihm hatte man schon ein Churfürstenthum gekauft. Wer konnte wissen, ob ihm nicht auch noch ein Königreich feil würde? Doch man weiß, scharfe Augen sehen nicht immer in der Nähe; der unberechnete Erfolg war dieser, daß ein Gesin-

Gesindel rasender Räuber in zahllosen Schwärmen die Grenzen der Fränkischen Fürstenthümer durchbrach, alles um sich her verwüstete, und mit dem Schrecken des Hussitischen Namens erfüllte (1430.). Von nun an verwandelte sich die bisherige Politik gegen Böhmen in eine Polizey gegen Plünderer und Mordbrenner. Mit Mühe knüpften sich endlich unter dem Gubernator Podiebrad einigermaßen die nachbarlichen Verhältnisse wieder an, nachdem die Neuheit, die Ungewißheit der Dinge, Wünsche, die man nun verborgener hielt, die beiderseitige Näherung so lange verhindert hatten. Die Vermählung einer Markgräflichen Tochter mit dem jungen Podiebrad ließ errathen, wohin sich nun das Haus Brandenburg neige. Entschieden blieb der Uebertritt zur offenbarsten Freundschaft auch von dem Augenblick an, da Wladislaus ein Polnischer Prinz, das Ruder von Böhmen ergriff: Am St. Mertheinstag 1473. schwuren sich König Wladislaus und Churfürst Albrecht zu Cadolzburg eine ewige Freundschaft. Die Schwester dieses Königs wurde die Gemahlin des Markgrafen Friedrichs. Je weniger furchtbar der königliche Ebentheurer auf seinem noch unbefestigten Thron saß, desto angenehmer war er seinen Nachbarn. Das Egrer Land genoß der Markgrafen unwidersprochenen Schutz. Die Wärme der Freundschaft erstieg ihren höchsten Grad, als Wladislaus zu Trnaw Freitags nach der unschuldigen Kindlein Tag 1509. die alten Bündnisse erneuerte und zu diesem gelobte:

>"in der Markgrafen Fürstenthum, Land und
>"Herrschaft keine Veste, Land oder Gut zu
>"kaufen, noch einen Mann in ihrem Land ge-
>"sessen zum Diener anzunehmen."

Um

Ums Jahr 1443. nahm Bischof Gottfried von Wirzburg, ein gebohrner Limpurg, den Titel eines Herzogs von Franken an, um auf Treu und Glauben einer alten Legende das Andenken der Limpurgischen Abstammung von dem Fränkischen Herzogenstamm zu erhalten. Aus Unverstand behielt die Kanzley seines Nachfolgers diesen Titel bey; aus Pfaffengeist wußte man ihn in der Folge seltsam genug zu deuteln. Gereizt von gemeinschaftlicher Eifersucht gegen Wirzburg vergaßen nicht selten Bambergs Erzpriester und des Burggrafthums Regenten ihre eigene Zwiste. Zu Herzogenaurach am Mittwoch nach St. Johanns Sonnwenden Tag 1464. gelobten Bischof Jörg und Markgraf Johanns und Albrecht für sich, ihre Nachkommen und Erben, einander nicht zu befehden, ihre Leute nicht zu vergewaltigen, ihre Gegner nicht zu hausen, und ihre Gebrechen schiedsrichterlich zu schlichten. Dieser erbliche Vertrag, diese Erbeinigung, verschwistert mit dem ewigen Frieden unserer Zeit, wurde im Jahr 1475. 1486. und 1487. erneuert, 1499. aber von dem Markgrafen im Unwillen aufgekündet. Doch vereinigten sich Dinstags nach Exaudi, 1503. abermals Bischof Veit zu Bamberg, Bischof Lorenz zu Wirzburg, der sich hier Herzog zu Franken nennt, Markgraf Friederich und Bischof Gabriel zu Eichstädt zur gemeinschaftlichen Steurung der täglich vorfallenden Räubereyen und Plackereyen. Aber von Grund aus erschüttert wurden alle Freundschafts-Verhältnisse, als es dem Markgrafen glückte, daß die Besitzer von Streitberg, denen die Bischöffe schon lange ihr väterliches Erbe durch unsägliche Drangsalen abzuzwingen suchten, sich verzweifelnd in die Arme der Markgrafen warfen, und ihnen endlich ihre ganze Herrschaft verkauften. Der neue Käufer wußte sich bald

bald besser zu behaupten, als der gedruckte Edelmann in seiner felsigten Kluft. Der Bischof fand es nun am sichersten, sich in die Zeit zu schicken, allen Fehden zu entsagen, die Irrungen wegen des Schlosses Streitberg auf sich beruhen zu lassen, des Halsgerichtes daselbst sich zu enthalten, was die Streitberger bisher von Bamberg zu Lehen genommen, nun den Markgrafen zu leihen, ja was noch mehr, seinem neuen Nachbar gegen jeden Angrif eine Hilfe mit 100 zu Roß und 200 zu Fuß zu versprechen.

Vierzehen Jahre war Albrecht alt, als sein Vater einer größern Erwerbung zu lieb, die burggräfliche Veste in Nürnberg mit dem Reichswald verkaufte, doch mit Vorbehalt des Burggrafthums Herrlichkeit und des Wildbanns. Verhältnisse, die zu deutlich vor den Augen lagen, als Nürnbergs Burggraf noch auf seiner Veste residirte, fiengen an verwickelter zu werden, als die Person des Burgbesitzers von der des Burggrafthums, wie zwei unverträgliche Ehegenossen, gesondert wurden. Zwar äußerten sich anfangs nur die Symptomen ganz gemeiner Nachbarsdisputen vom Fensterverbauen und Waldzaunübersteigen. Aber bald kam es zum Ausbruch des ersten wichtigern Streites, als sich Nürnbergs Bürger getrauten, mit dem Conrad von Heideck gemeine Sache gegen den Helden Albrecht zu machen. Mittwochs vor St. Ulrichstag 1448. erschienen im Schloß zu Kadolzburg Karl Holzschuher und Niklas Muffel, um vor seiner Gnade eine mündliche Werbung zu thun. Denen gab Markgraf Albrecht zur Antwort:

"Ich will es traun! sehen, ob ich mein und „meines Bruders Fürstenthum und Herr-
„lich-

„lichkeit als Landesfürst behalten möcht,
„das sich anfängt zu Eger an der Mauer und
„währet bis an das Kreuz, das unter Uffen-
„heim steht und an das Gesteig ob Eichstädt
„und andere Grenz; darauf sind wir gefür-
„stet, und ist unsern Eltern sauer geworden,
„und haben ihr Blut darum vergossen, das
„will auch ich behalten.

Auf das erwiederte der Nürnberger Bottschaft:

"Euer Gnad hat einen weiten Kreiß benannt.
„So liegt Nürnberg auch in demselben Kreiß
„und ist doch des Reichs. Also hat ein jedes
„sein Unterschied. Darum deucht uns billig,
„daß jedes blieb, als es herkommen ist und
„durch Recht bleiben sollte.

Darwider unser Herre der Markgraf sprach:

"Das will ich Euch schon wehren, und sollte
„mir mein Fürstenthum darauf gehen. Eure
„Vordern haben solches gegen die Herrschaft
„nicht gethan. Die Itzigen von Nürnberg
„unterstehen sich viel, das ihrer Herrschaft
„zugehört, und haben doch nicht weiter zu
„richten, denn in der Mauer. Ich bin der
„Landesfürst, ich habe meine Regalien und
„Territorium von dem heiligen Reichs!

Also wollten der von Nürnberg Bottschaft von
dem Herrn abscheiden; da hieß der Herr ihnen
den Wein bringen und nahm Urlaub *). Die verfehlte Sühne brachte Feuer und Schwerd über die
Nürn-

*) Ist wörtlich aus der Nürnberger Relation genommen, die bei den Heideckischen Fehdeacten von 1447-1453 liegt.

Nürnbergische Besitzungen. Nach einiger Erholung loderten die glimmenden Zwiste wieder auf. Die Hauptbeschwerden von Seiten des Markgrafen bestanden darin:

1) daß die Stadt dem Fürstlichen Wildbann Hindernisse in den Weg legte.

2) daß sie von ihren Burggräflichen Lehen vor der Stadt und sonst auf dem Land gutwillig kein Handlohn und Erbzinsgeld reichen wollten.

Dagegen beklagte sich die Stadt, über die Ausdehnung des Landgerichts bis in die Mauern der Stadt, über die Steigerung und Vermehrung der Zölle, über die Bedrückungen in dem Genuß ihrer Grundherrlichen Rechte auf dem Lande.

Da erschien ein vester Ritter aus Sachsenland, Dieterich Harras war sein Name, mit dem Auftrag seines Herzogs, Friede und Freundschaft zu stiften, zwischen Frankens mächtigstem Fürsten und des Reichs berühmtester Stadt. Der Friedensbote hatte die Freude, zu Onolzbach am heiligen drey Königstag den itzt nach ihm benannten Harrasischen Vertrag zu stiften. Hier gelobte die Stadt, wider die Ordnung des Wildbanns nicht zu handeln, die Lehen des Markgrafen nicht zu schmälern, die bestimmten Gefälle davon willig zu reichen; dagegen versprach der Markgraf: wegen der ausgetretenen Bürger und Unterthanen sich löblich zu halten, in die Stadt, so weit sie mit Mauern und Graben verfangen, mit dem Landgericht nicht zu richten. Doch mögen sie das Landgericht in der Stadt, in Wörd, oder in Gostenhof ungehindert halten, auch des Landgerichts Personen in der Stadt wohnen. Wegen Benutzung der Wälder und Haltung

tung des Forstgerichts wird sich auf des Dr. Knorren Vertrag, wegen der Zölle ausser einigen beigefügten Bestimmungen auf einen Bairischen Spruchbrief berufen.

Kaum hatte sich die jauchzende Bürgerschaft von dem ersten Taumel erholt, in den sie die Freude versezte, nun doch wenigstens inner ihren Mauern von der Burggräflichen Gerichtsbarkeit befreit zu seyn, als sie lüstern wurden, auch einen Flug über die Mauern zu wagen. Sie fiengen an, malefizische Urtheile vor der Stadt zu vollstrecken, allenthalben umher Gräben zu ziehen, Thürme und militärische Befestigungen oder sogenannte Blokhäuser aufzurichten. So unvermuthet sie der Wanderer emporsteigen sah, so schnell stürzten sie alle in einer Nacht wieder darnieder *) (a. 1500.). Nichts glich dem Unwillen des Fürsten, mit dem er alle Vergleichsvorschläge hierüber verwarf, und selbst den Reichstag zu Augsburg verlassen wollte. Aber doch gelang es der städtischen Schlauheit, noch einmal den Faden der Unterhandlung zu erhaschen, und daran ihren überlegenen Gegner durch die Gänge der Langeweile und Verzögerung so lange herum zu führen, bis ihre verunglükte Prätensionen aus dem Nebel verschraubter Floskeln an einem günstigern Tag wieder hervorgehen mögten. Ein zu Erfurt am Sontag Johannis et Pauli 1502. getroffener Vergleich enthielt: daß die Irrungen wegen der Thürme, Gräben, Fraisch ꝛc. durch Austräge geschlichtet (das heißt herumgezogen) unterdessen aber mit Gewalt nichts vorgenommen

---

*) in der Laurenziennacht; der Magistrat mußte sie selbst niederreißen lassen; machte aber der Bürgerschaft glauben, der Sturmwind hätte es gethan.

men werden sollte, (das sollte vermuthlich nach der Nürnberger Deutung soviel sagen: unterdessen aber sich Brandenburg des Besitzes seiner Rechte enthalten mögte.) Die beiderseitigen Straßensperrungen (die freilich der Stadt mehr als dem Markgrafen empfindlich fallen mußten) sollten aufgehoben, die Bürger der Stadt sicher vergeleitet werden. Die Ansprüche des Markgrafen wegen des Schlosses zu Brunn sollten abgethan, Schwarzenbruk kaufsweise an Nürnberg abgetreten werden. In der That ein schöner Vergleich, der der Stadt in jedem Artikel einen wesentlichen Vortheil, dem Markgrafen aber nicht einen einzigen zuwendet, und dies alles zu einer Zeit, wo alle ihre aufgerichtete Thürme und stolze Bevestigungen vor ihren bestürzten Augen darnieder gerissen lagen.

Jezt glaubte Erbprinz Casimir es nicht mehr länger tragen zu können. Mit einer entflammten Jünglingswuth, an der Seite seines Berlichingens überfiel er an dem Kirchtag zu Affalterbach der Nürnberger rüstige Schaaren, und ihr in sicherer Frölichkeit versammeltes Volk. Ihn kümmerten nichts des bedächtlichern Vaters Unterhandlungen, des Erfurter Tags mit jeder Stunde erwarteter Friedensbrief. In wenigen Stunden war eine solche Niederlage angerichtet, daß die Leichname auf einem weiten Schlachtfeld lagen, das Wehklagen der Entflohenen, der mitgetheilte Schrecken in den stolzen Mauern wiederhallte. Im ganzen Frankenland fragte man sich mit gezükten Schultern: Was soll aus diesem Kindlein werden?

Unter dieser Bestürzung langte die Botschaft von dem geschlossenen Erfurter Vertrag an. Da sich

aber

aber unterdessen die Umstände so sehr geändert, die Gesinnungen des künftigen Regenten zu deutlich erklärt hatten, so fand man es für sicherer, statt auf diesen Interimsstillstand viel zu bauen, es sogleich auf eine schiedsrichterliche endliche Entscheidung des Schwäbischen Bundes anzutragen.

Durch die von der Oberpfalz im Jahr 1504. eroberte Aemter entstanden nun ganz neue Verhältniße mit einer Stadt, der man bisher kein Gebiet ausserhalb den Mauern zugestand. Alte Pfälzische Zwiste paarten sich nun mit den Städtischen Streiten.

Endlich entschied der Schwäbische Bund am St. Antonien Tag 1507. zu Augspurg die Sachen dahin:

Die Nürnberger sollten
1) die vor der Stadt aufgerichteten Stöcke, woran sie peinliche Strafen vollstrekten, wieder abthun.
2) die Blokhäuser und aufgeworfene Gräben niederlegen und einziehen.
3) wegen des Pfälzischen Geleites sich in den Schranken desjenigen Besitzes halten, welchen die Herzoge von Baiern vor ihnen hergebracht.

Wiederhölte Verlezungen der Burggräflichen Hoheitsrechte und Befürstigungsbriefe zogen der Reichsstadt Rothenburg im Jahr 1407. die Kaiserliche Acht, den Verlust sehr wichtiger Besitzungen und die Nothwendigkeit einer öffentlichen Genugthuung zu. Zum Beweis ihrer ächten Aussöhnung erbaten sie sich sogar den Burggrafen Friedrich als ihren Landvogt. Lange Jahre der Ruhe erfolgten, die durch den Knorrischen Vergleich 1460. erneuert

und

und in Markgraf Friedrichs Regierung durch keinen bedeutenden Auftritt unterbrochen wurden.

Nicht also pflegten Winsheims Bürger des Friedens. Nach dem Beispiele Nürnbergs unternahmen sie, ausser der Stadt Landwehren und Thürme zu errichten. Auch wollte es ihnen fast beschwerlich seyn, daß die Herren Markgrafen ihr Landgericht nicht nur über die Windsheimischen Leute und Güter ausserhalb der Stadt, sondern selbst über die Bürger in der Stadt und über ihre Güter in der Mauer gelegen erstrecken wollten. Gleich des andern Tags nach dem mit Nürnberg getroffenen Vertrag brachte der Friedensstifter Harras auch mit Windsheim (Onolzbach Donnerstags nach der heiligen drey Könige Tag 1496.) den Vergleich zu Stand: "daß die Bürger keine Landwehr, Landthurn oder Bevestigung ausserhalb der Stadt mehr machen, hingegen auch das Burggräfliche Landgericht nicht mehr in die Stadt, sondern nur bis an die Mauern und Graben der Stadt richten sollte."

Rechte, die der Fürst so mannhaft gegen seine Nachbarn zu behaupten wußte, hätte man die den Ingesessenen Edelleuten hingeben sollen? (Diese trugen ihre Güter größtentheils von den Markgrafen zu Lehen; ihre Schlößer waren des Landesfürsten offene Häuser, das ist, es stand ihm zu, Besatzung einzulegen; sie erschienen an dem Hof ihres gnädigen Herrn, theils zur Aufwartung, theils zu Besetzung der Gerichte. Nicht selten mehr als einmal im Jahr mußten sie dem Aufgebot bis an des Reichs entferntesten Grenzen auf ihre Kosten folgen. Zudem wurden bey allgemeinen Zügen auch noch ihre Bauern mit

der

der Reyße belegt. Sie mußten sichs gefallen laſſen, bey den Schuldverſchreibungen des Fürſten ihre Namen als Bürgen herzugeben und am Ende gewöhnlich an ſeiner Statt zu bezahlen. Dafür genoßen ſie nach der Geiſtlichkeit den höchſten Rang, ein ausſchließendes Recht an den wichtigſten Staats- und Kriegsämtern, die Hofnung eröfneter Lehen und die Befugniß, über ihre Pächter und Bauern eine untergeordnete Lehenherrliche Gerichtsbarkeit, oder doch wenigſtens ein Zwangsrecht auszuüben. Von höhern Gerichten, die damals ſchon dem Adel zugeſtanden hätten, liefert uns die Geſchichte dieſes Zeitraums noch kein Beyſpiel. Wohl mogten dieſe Vortheile zu Zeiten von der Laſt der damit verbundenen Pflichten aufgewogen werden. Drey Dinge hauptſächlich ſchienen dem Adel höchſt verhaßt zu ſeyn, der Landfriede, die Kaiſerlichen Kammer- und Fürſtlichen Hofgerichte, und endlich die vielen Umlagen der gemeinen Pfennige. Der Landfriede benahm ihnen die Freiheit zu Fehden, und den Gelderpreſſungen des Handelsſtands. Unter dem Schutz dieſes Landfriedens machten die beſchädigten Städte auf ſie Jagd und lieferten ſie mit kurzen Prozeſſen aufs Hochgericht. Der Landesfürſt ſelbſt benutzte die Gelegenheit, ſich der Güter ſolcher Friedensbrecher zu bemächtigen und ihre Familien zu unterdrücken. So lange man einen gewaltthätigen Edelmann nur vor einem ſchiedsrichterlichen Austrag, das heißt, wieder vor andern, nicht viel beſſern, Genoſſen verklagen konnte, waren ſie billig genug, ſich nicht die Augen auszuhacken. Aber nun, ſeit den Verſuchen einer beſſern Organiſation der Kaiſerlichen ſowohl als Landesherrlichen Gerichte, geleitet von den verwünſchten Schreibern und Doctoren, ahneten ſie das nahe Ende ihres richs terlichen Einflusses. Doch am allerschmerzlichsten fiel ihnen die nun sehr oft nach einander für das Reich verwilligte Abgabe des gemeinen Pfennigs, die der Landesherr nicht nur von ihren Bauern, sondern auch von ihrem eigenen Vermögen einkaßirte. Mit jedem Tag mehrte sich der Unwillen des Adels in den Fränkischen Fürstenthümern, im Wirzburgischen und Bambergischen; die Gemeinschaft ihrer vermeinten Beschwerden brachte sie einander näher, und der erste Gedanke war nun, unter sich Tage zu halten, Hauptleute zu wählen, und sich über eine gemeinschaftliche Vertheidigung zu vereinigen.

Wirklich befanden sich die Fürsten in einer solchen Lage, daß sie eines Opfers bedurften. Daß der Himmel die Geistlichkeit darzu ausersehen, ließ sich damals noch niemand träumen. Die Städte hinter ihren Mauern hielten sich zur Wehre gefaßt und vertrauten auf den Kaiser. Vom Bauern war nichts zu erheben, also schien es recht eigentlich auf den Edelmann gemünzt. Hätte man das Mißvergnügen des Adels damals getrost zum Ausbruch kommen lassen, so hätte man wahrscheinlich dem Staat die im Jahr 1525. auf einen weit gefährlichern Theil getriebene Krankheit erspart. Die Aengstlichkeit, die Unbeständigkeit, womit sich die Fränkischen Fürsten bei diesen Bewegungen betrugen, vor allem aber das einseitige Betragen des Wirzburger Bischofs, gaben den Stoff zu Entwickelung einer nach der Hand so genannten Reichsritterschaft, von der man bis hieher nicht die mindeste Idee gehabt, und die nur von Unkundigen und Partheimännern schon in die Zeiten des großen Zwischenreichs, wie sie es nennen, oder gar schon in jene der gesprengten Herzogthümer versetzt wird.

wird. Man höre, was Urkunden und Geschichte sprechen.

Am St. Peters Kettenfeiertag 1494. kam die mißvergnügte Ritterschaft zu Neustadt an der Aisch, zusammen, um ihren künftigen Nachtheil, Schmach und Verachtung zu verhüten. Sie versprachen, sich untereinander nicht zu befehden und ihre Streitigkeiten durch ein Austraggericht abzuthun, das aus einem Hauptmann oder Richter und 6 Zusätzen bestehen sollte. Dies Gericht sollte alle Jahr erneuert, die Kosten durch eine gemeine Umlage herbeigeschaft werden. Allein nicht blos auf die Vernichtung der landesherrlichen Gerichtsbarkeit schien es abgesehen. Auch in andern Angelegenheiten sollten Hauptmann, Richter und Urtheilssprecher bevollmächtigt seyn, eine Versammlung auszuschreiben.

Markgraf Friedrich schickte sogar seinen Hofmeister Hansen von Eib nach Neustadt, um der Ritterschaft zu erklären: "der Edelmann sey ihm ins Herz geschlossen. Allein die Artikel, darauf ihr Bündniß verfaßt werden sollte, wären eine unleidentliche Beschwerde. Am Ende würden des Fürsten Amtleute, Räthe und Diener gegen seine eigene Bundsgenossen zu dienen sich herausnehmen wollen." Dabey hatte der Abgesandte den Auftrag, mit jedem Mitglied ins besondere zu handeln, und es von der Gesellschaft durch schöne Worte abspenstig zu machen.

Allein die Ritterschaft suchte den Fürsten durch eine Deputation zu besänftigen, die aus Siegmund von Schwarzenberg dem Aeltern, dem Landhofmeister Hans Fuchs, dem Hofmeister Dietz von Thüngen, Conrad von Berlichingen, Erkinger von Saunsheim,

Paul von Absperg, Hans von Seckendorf, Amtmann zu Schwabach, Hans Truchseß Amtmann zu Bayersdorf und Hans von Leonrod bestand. Unter einem Schwalm versüßter Worte wurde nun dem Fürsten betheuert:

"Der Vertrag wäre gar nicht gegen ihn ge-
"richtet, sie blieben Seiner Gnaden nicht min-
"der verwandt, als zuvor.

Beym Abgehen versicherten die Ritter, unter denen Thüngen den Sprecher machte, noch einmal:
"Sein Gnad soll gar nit zweifeln, daß die-
"ses zusammenthun seiner Gnaden kein nach-
"theil bringen soll.

Die Unschlüssigkeit, die Verlegenheit des Fürsten, seine sonst bekannte Vorliebe zum Adel, die Begünstigung und Unterstützung der eigenen Fürstlichen Minister und Räthe machten nun die Ritterschaft so kühn, im Jahr 1500. unter dem Vorwand allerley Aufruhrs und Widerwärtigkeit im Land abermal einen Tag nach Schweinfurth auszuschreiben, und darauf dem Markgrafen, dem Bischof von Wirzburg und Bamberg zuzumuthen, sich in ihre Gesellschaft aufnehmen zu lassen.

Dies erbitterte den Markgrafen. Er gerieth auf den verzweifelten Entschluß, sich für einen Fürsten der Bürger und Bauern zu erklären und dem Adel seinen Schutz aufzukünden. Im ganzen Land verbreitete sich die Rede des Fürsten:

"Er hätte seiner Ritterschaft nichts zugesagt,
"sondern seinen Bürgern und Bauern.

versüßte Worte, die guten Dienste der mitverwickelten Hofmeister, Räthe und Amtleute wußten das Gewitter abzuleiten.

Bisher gieng die Sache zu schön für die Ritterschaft, als daß sie sichs hätte versagen können, nach einiger Zeit (1507.) in Kitzingen abermals zusammen zu kommen. Hier giengen sie so weit, festzusetzen, daß der Fürst seine Streitigkeiten mit dem Adel nicht mehr wie bisher vor seinem Hofgericht verhandeln, sondern auch durch die von der Ritterschaft niedergesezte Austragsgerichte entscheiden lassen sollte.

Der Markgraf, vereinigt mit dem Bischof von Bamberg erklärte hierauf:

„daß müßte ihren Gnaden nicht wenig miß-
„fallen, dieweil es zum Abbruch ihrer Rega-
„lien, Obrigkeiten, Saalgerichte, Hofgerich-
„te, Landgerichte und anderer Gerechtigkeiten
„gereiche, ja sogar die Appellation ans Kam-
„mergericht hindere.

Mit Beystimmung des Bischofs beschlossen nun die beiden Fürsten: Man wollte zwar der Ritterschaft erlauben, sich auf einem Rittertag zu versammeln, aber dieser Convent sollte nicht eigenmächtig von der Ritterschaft, sondern von den 3 Fürsten selbst ausgeschrieben und unter ihren Auspicien gehalten werden. Wer sich daher unterstehen sollte, auf einem andern als diesem gesezlichen Rittertag zu erscheinen, gegen den wolle man vereinigt Ernst gebrauchen.

In der Ausführung dieser vortreflichen Idee ließ der Bischof von Wirzburg die beiden andern Fürsten stecken, weil er sich unseliger Weise schmeichelte, durch seine eingebildete tiefere Einsicht und erhabenere Politik tif für sich allein mit seiner Ritterschaft eher fertig zu werden.

Es blieb also beym Alten. Die Ritterschaft im Jahr 1511. versammelte sich ungescheut wieder, jedoch um nicht auseinander gejagt zu werden, in keiner landesherrlichen Stadt, sondern zu Schweinfurth. Da war von nichts geringerm die Rede, als ein Verbündniß unter dem gesammten Adel aufzurichten.

Die Fürsten, in ihrer wachsenden Verlegenheit, beschlossen, jeder für sich den Adel seines Landes vorzubescheiden und zu erklären: Wozu sie denn so ein Bündniß nöthig glaubten? — Hätten sie Beschwerden, so wäre man ihnen zu Gnaden geneigt; man versehe sich, daß ihr keiner zu dem angezeigten Bündniß trete.

Man findet keine Nachrichten, ob diese besondern Versammlungen vor sich gegangen, oder ob man diese Insinuationen nur bey mehrern Rittern einzeln angebracht. Genug es gewann allen Anschein, daß die große Verbindung am Ende doch noch erfolgen sollte. Jezt glaubten die Fürsten nichts anders übrig, als zu verlangen, in dieses Bündniß mit aufgenommen zu werden.

So bedenklich dieser Schritt vielleicht aus andern Rücksichten war, so sehr schien er jedoch für die Noth des gegenwärtigen Augenblicks zu passen. Die Aufnahme, welche den Fürsten nicht verweigert werden konnte, verhinderte den Adel, ein Geheimniß zu haben. Die Fürsten würden nach der Direction des Bündnisses gegriffen haben, und hätten es denn allmählich wieder einschlafen lassen. Allein auf einmal
sprang

sprang der Wirzburger Bischof wieder von der gemeinen Sache ab. Alle zuvor verabredete Plane blieben nun wieder unausgeführt; und die Ritterschaft, zumal unter der bald darauf erfolgten großen Verwirrung in dem Markgräflichen Haus, sezte sich nur noch auf einen festern Fuß.

Ließ ja zuweilen der Markgraf nach einem solchen Ritter greifen, so machte es wenig Eindruck, weil man wußte, daß es mehr aus Leidenschaft, als aus Rücksicht aufs Ganze geschah. Dies war der Fall bey der Guttenbergischen Familie. Briefe und Siegel lagen vor Augen, in welchen Hans von Guttenberg sein Schloß den Burggrafen verschrieben, um ihnen davon zu dienen und zu gewarten (1343.). Seine 5 Söhne hatten diese Verpflichtung erneuert. Alle nachfolgende Guttenberge waren dem Churfürsten Albrecht und seinen Söhnen wirklich gewärtig. Auf einmal glaubten sie, der Zeitpunct wäre da, wo sie nicht nur auf dem alten Schloß Guttenberg dem M. Friedrich die Oefnung verweigern, sondern ihm gleichsam zum Troz, noch ein neues dazu erbauen, und befestigen könnten. Der Markgraf, nachdem er sie vorher noch durch zwey seiner Räthe in Güte ermahnen ließ, bemächtigte sich nun des Schlosses mit Gewalt, und versah es mit seiner Besatzung. Noch nicht gedemüthigt, erkühnte sich Moriz von Guttenberg im Jahr 1497. dem Markgrafen das Schloß Castell wegzunehmen und ihm erst nach der Hand einen Fehdebrief zuzusenden.

Unterdessen warf sich Philipp von Guttenberg, einverstanden mit Morizen in ein an der Böhmischen Grenze gelegenes, denen von Waldau abgekauftes Schloß Schellenberg, von wo aus sie den Markgrafen sen zu befehden suchten und wo auch der gefangene Kastner von Castell als Geissel lag. Da zog der Hauptmann des Gebürgs, Conz von Wiersberg, am Montag nach Kiliani 1498 mit 2500. aufgebotenen Bürgern und Bauern, dazu mit 80. reißigen Pferden und 6. Kanonen aus der Veste Plassenburg aus, und kam am Mittwoch des Mittags vor dem Schlosse an. Dem Philipp Guttenberg blieb nun nichts weiter übrig, als am Donnerstag darauf sich und sein ganzes Schloß zu übergeben, und in einer schriftlichen Urkunde zu versprechen

„nichts als Wasser und Brod auf der Erde
„liegend zu essen, bis er sich nach Kulmbach
„würde gestellt haben.

Worauf man die Felsen sprengte, das Schloß abbrannte, mit lärmendem Siegesgeschrey nach Hause zog und beym wiederholten Trotz eines begünstigtern Ritters in Ruhe blieb.)

Es lag so ganz in dem Geist jener gewaltsamen und treulosen Zeiten, Anstalten und Pflichten, die schon durch die natürliche Vernunft und Billigkeit geheiligt schienen, durch künstlichere Verbrüderungen und Bündnisse sichern zu wollen. So bildete sich denn auch während diesem Zeitraum eine Verbindung, die man in der Folge mit dem Namen der Landstände bezeichnet, und die ihre Veranlassung in den Landesherrlichen Schulden hatte, zu deren Tilgung die Unterthanen beträchtliche Summen bewilligten, zum Theil sich als Selbstschuldner darstellten, aber dagegen auch durch ganz besondere Einrichtungen versichert seyn wollten, daß diese Bezahlung wirklich vor sich gehe und das Geld nicht zu andern Zwecken verwendet würde.

Man

Man würde nach täuschenden Bildern haschen, wenn man den Landständen unserer Fränkischen Fürstenthümer ein früheres Daseyn, als im 16ten Jahrhundert zueignen wollte. Wahr ists, als am Sonntag nach des heil. Kreuzes Erhöhung a. 1436. Churfürst Ludwig von der Pfalz mit Churfürst Friederich von Brandenburg nachbarlich sich verglich, da wurde dieser Frieden von den Prälaten, Rittern, Knechten, Städten, Märkten und gemeiner Landschaft geistlich und weltlich, edel und nicht edel, verbürgt. Diejenigen, die Namens aller, die Urkunde besiegelten, (Freitags nach St. Peterstag ad vincula,) und sich ihres gnädigen Herrn Landschaft nannten, waren aus den Prälaten der Abt zu Heidenheim, Ahausen, Mönchaurach und Steinach, aus der Ritterschaft ein Hohenrechberg, ein Seckendorf, Künsperg, Sparneck, Holzinger und Tanne, aus den Städten, Onolzbach, Neustadt an der Aisch, Kreilsheim und Schwabach. Wahr ists, daß M. Albrecht in einem Ausschreiben vom St. Kilianstag 1469. selber sagt:

"er hätte jüngsthin seine Prälaten und Ritter„schaft in merklicher Zahl bey sich gehabt, und „mit Ihnen Rath fürgenommen, die Räu„berey zu wehren.

Allein hierinn erkennen wir auch sogleich den Character dieser Versammlung, daß es eine in jenen Zeiten sehr gemeine vorübergehende Verbindung zu Abwehrung der Räuberey, zu Sicherung des nachbarlichen Friedens, überhaupt zu Erhaltung des Landfriedens war. Von irgend einer andern Mitwürkung an den Landesherrlichen Regierungsrechten zeigte sich da noch nicht die mindeste Spur. Da war nicht die mindeste Rede, von einem Recht, sich auf

diese

diese Art zu versammeln, über andere Sachen, als der Landesherr proponirte zu berathschlagen, von einer Verbindlichkeit des Landesherrn, diese Rathschläge zu befolgen, von einer Allgemeinen Repräsentation, von einer festgesetzten Einrichtung, von einer eigenen Kasse, von eigenen Bedienten.

Da wir also in jenen Urkunden noch keine Landstände, sondern nur einige binnen einer gewissen Provinz oder Landschaft vereinigte Bundesstände zu Gesicht bekommen, so können wir es uns auch erklären, warum der Markgraf im Jahr 1444 und 1468. in beiden Fürstenthümern aus eigener Macht eine Steuer verkündete, warum da nur von Städten und Märkten, Aemtern und Dörfern, und nicht auch von Prälaten, von eider Ritterschaft die Rede war; eine Verfahrungsart, die beym Daseyn wirklicher Stände unmöglich Statt gefunden hätte. Selbst im Jahr 1509. wo sich die erste ächte Spur einer wirklichen Landständischen Anstalt zeigt, schwankten die Begriffe davon noch in einer solchen Unbestimmtheit, daß es schwer wird, diese erste landtäglichen Beschlüsse von einem blosen unmasgeblichen unterthänigen Rathschlag zu unterscheiden. Der Fürst beschreibt Prälaten, Ritterschaft und Städte auf den St. Peter und Paulstag nach Onolzbach; um mit ihnen wegen etlicher Mängel und Mißhandlung inr Lande, Unkosten und anderer Nothdurft halben zu handeln. Bey Eröfnung des Landtags, den der Fürst eine gemeine Versammlung der Räthe nennt, schildert er sich als einen alten kranken Mann, der im Abnehmen und keinem Aufnehmen sey, und jetzt den Entschlus gefaßt habe, zu wallen (d. i. sich ausser Landes aufzuzuhalten) um aus seinen Schulden zu kommen. Bei diesen Umständen findet ers also nöthig, Prälaten, Grafen, Herren, Rittern, Knechten, Land und Leuten seine Kinder zu empfehlen. Die Stände, die sich geordnete Räthe nennen, statt nun Beschlüsse darauf zu machen, beschränken sich auf bloße Vorschläge, wegen Einziehung der Fürstlichen Hofhaltung, und Steurung der Plackereyen, womit sie sich Seiner Fürstlichen Gnaden als ihrem gnädigen Herrn in Unterthänigkeit befehlen. Hierauf nun publicirt der Fürst eine Hofordnung, die von ihm und seinen 2. ältesten Prinzen, dem Abt zu Hailsbronn, den Landkommenthurn zu Ellingen, zu Virnsperg und einem Herrn von Seckendorf und von Truchseß, als Geordneten besiegelt ist, welches manche fälschlich für einen Landtagsabschied halten.

So wenig treffen auch hier noch von den unterscheidenden Kennzeichen einer ständischen Versammlung zusammen, daß wir selbst diese noch für keinen Landtag könnten gelten lassen, wenn nicht die Vorschläge unter andern diese merkwürdige Bedingung enthielten:

"Das Geld, das nun bey der neuen Einrich-
"tung übrig bliebe, in eine mit 3. Schlüsseln
"versehene Truhe zu legen und minderst an-
"derst wohin zu geben, dann zu Abzahlung
"der Schulden, Dienst und Zinßgeld
"und zu rechter Nothdurft des Landes.

Hierinn liegt der Keim eines, wiewohl damals noch sehr ungebildeten Landtages; im Obergebürgschen Fürstenthum gieng diese Entwickelung noch ei-
ge

ge Jahre später für sich; kein einziger obergebürgischer Prälat, Ritter oder Magistrat nahm an der Versammlung Antheil; vielmehr heißt es in den Verhandlungen ausdrücklich:

das Oberland habe seine eigene Verfassung.

Als Folge wird sich also hieraus ergeben: Der erste Keim der untergebürgischen Landstände liegt in dem Onolzbacher Hoftag vom Jahr 1509. Von dem ersten regelmäßigen Landtag aber, woran auch die obergebürgischen Stände Theil genommen, wird erst unter dem Jahr 1515. die Rede seyn. In sofern aber die Entstehung der obergebürgischen Landstände durch die Ereignisse des gegenwärtigen Zeitraums, durch jene Onolzbacher Versammlung vorbereitet wurde, hat sich unser Blick wohl jetzt schon etwas dabey verweilen müßen.

Vielleicht wären so wichtige Veränderungen in der Landesverfassung weniger zur Reife gekommen, wenn nicht immer Reichstagsbesuche, Heerzüge, Kayserliche Feldhauptmannschaften die besten Plane unterbrochen, die Fürstlichen Kassen geleert und den Markgrafen auf das, was ihm am nächsten lag, unachtsam gemacht hätten. Kaum daß er ins zweite Jahr der Regierung vorstand, so giengs mit voller Rüstung ins Brabanter Land, um den König Max zu befreyen. Der Kaiser hatte ihn zu des Zugs oberstem Feldhauptmann ernannt. Statt 80 Pferde, die sein Contingent bestimmte, stellte er 600. die er 6 Monate lang mit einem Kostenaufwand von 36000 Gulden unterhielt. Kein teutscher Fürst that ein gleiches. Auf dem Reichstag zu Koblenz a, 1492. opferte M.

Siegs

Siegmund Gesundheit und Vermögen auf. M. Friedrich als oberster Feldhauptmann rüstete sich schon wieder zu einem Zug gegen Herzog Albrecht von Bayern, dem sich die Reichsstadt Regenspurg unterworfen hatte. Der Römische König Maximilian, der Schwäbische Bund, beinahe alle Stände glaubten, eine solche freiwillige Unterwerfung könne den andern Ständen keine Ursache zur Beschwerde geben. Allein Kaiser Friedrich III. wollte einem Oesterreichischen Nachbarn so eine Beute durchaus nicht gönnen. Der allzeitfertige M. Friederich war also auch hier wieder bereit, mit einem unsäglichen eigenen Kostenaufwand Regenspurg dem Reich wieder herbeizubringen. Dafür befahl der Kaiser, hinfüro an ihn zu schreiben: Rath, wogegen der Markgraf die Rathspflicht schriftlich übersandte, mit dem Versprechen, treulich zu rathen und das nicht zu sagen. Im Jahr 1495. zahlte er an den Churfürsten von Mainz als Einnehmern des gemeinen Pfennigs 1200. Goldgulden, im 1497ten Jahr 1469 Gulden und so, wie es scheint, mehrmal in verschiedenen Fristen. Den Königlichen Tag zu Worms a. 1497. besuchte er zwar nicht in eigener Person, beschickte ihn aber durch Christof Schenken von Tautenberg, mit sammetnen Gewanden wohl ausstaffirt. Im Jahr 1499. gabs schon wieder einen, wiewohl nicht sehr glorreichen Heerzug gegen die Schweizer. Auf den Reichstag nach Kölln wurde der Abt zu Hailsbronn und Herr Ritter Veit von Lentersheim verordnet. Auf dem Reichstag zu Augspurg a. 1500. gab er vor der Stadt eine glänzende Gesellschaft und Ball. Die Fürsten Grafen und Herren waren an 21. Tischen, die Burgermeister und Räthe an sieben gelagert. Im Feldzug gegen die geächteten Pfalzgrafen a. 1504. spielte

H M.

M. Friedrich eine Hauptrolle, als es aber zur Theilung kam, erhielt er das wenigste von allen, und selbst dies wenige wußte man ihm wieder aus der Hand zu spielen. Uebrigens war er sorgenlos genug, der ihm von jeher so gehäßigen Stadt Nürnberg die wichtigsten Pflegämter zutheilen zu lassen. A. 1508. ginge abermals als ein oberster Feldhauptmann in Kärnthen und Steyermark gegen die Venediger los. Auch hier that Markgraf wieder dreymal mehr, als sein Contingent mit brachte. So ein Patriotismus mußte nun aber doch endlich einmal königlich belohnt werden. Der Kaiser, aufs innigste gerührt, und um der Welt zu zeigen, wie er dankbar zu seyn wisse, versprach dem Markgrafen:

"Daß man ihn dereinst zu Seiner Majestät
„ins Grab legen dürfe!

Im Jahr 1512. war M. Friedrich schon wieder persönlich mit seinen beiden Söhnen Kasimir und Johann auf dem Reichstag zu Trier. Dies ist wohl aber auch die letzte Reichsangelegenheit gewesen, an der er besondern Theil nahm *).

So

---

*) Weil nach Häberlins T. R. G. Band IX. S. 530. die Verhandlungen dieses Reichstages unbekannt seyn sollen, so kann man hier davon folgende Nachricht geben:

Der Reichstag fing an am Freitag nach dem h. Ostertag. Die Berathschlagungen betrafen
1) die Errichtung einer Armee von 50000. Mann ad defensionem.
2) die Hilfe wider die Venediger.

Am Dienstag nach Quasimodogeniti erklärten die Stände auf die Kaiserliche Proposition: "Kaiserliche Majestät möchte sich beruhen, bis die andern Stände in größerer Anzahl angekommen wären." Denselben Tag

So ist der Lauf der Welt! Man genießet hienieden wenig Ruhe. Man drängt sich, man treibt sich. Der

Tag proponirte der Kaiser: "ob sich Sachsen wegen der gesuchten Belehnung mit Jülich und Berg nicht mit Cleve, welches die Heimfälligkeit leugne, vergleichen wolle." Am Freitag nach Quasimodogeniti erklärte der Kaiser: "Es wären Stände und Fürsten genug zugegen, man brauche jetzt nur nach Maaßgab des vorher allgemein beliebten Augspurger Abschieds die Hilfe zu exequiren." Den folgenden Samstag baten die Stände gleichwohl noch um weitern Aufschub, wegen der Vergleichshandlungen mit Cleve aber wollten sie sich den Kaiserlichen Rathschlag gefallen lassen. Darauf antwortete der Kaiser am Montag nach Misericordia: Die mehresten Stände wären ja schon da; der Bischof von Bamberg, der Markgraf von Baaden seyen auf dem Weg; von Münster und Hessen seyen Gesandte da; Chursachsen und Salzburg hätten Vollmacht auf andere Stände ausgestellt. Des Herzogs von Baiern Botschaft werde übermorgen erwartet. Darauf antworteten die Stände am folgenden Tag: "Sie wollten nun nach Anzeige des Augspurger Abschiedes handeln. Am Freitag baten sie den Kaiser: "ihnen die Mittel und Wege anzuzeigen, wie er glaube, daß geholfen werden könne. Ferner verlangten sie, die vom Kaiserlichen Hofgericht wider Ambrosius Dietrich ausgegangene Acht aufzuheben und ihn zur Exekution seines vor dem Kammergericht erwürkten Urtheils gelangen zu lassen, deßgleichen dem Kammergericht in Sachen des Fiskals gegen die Reichsstadt Kölln auf 3. Wochen bis zu näherer Einsicht der Acten Inhibition zu thun." Samstags an Philippi und Jacobi erklärte der Kaiser: Der Augspurger Reichstag bringe eigentlich mit sich, daß zu Handhabung Fried und Rechtens eine Hilfe von 50000. Mann angeordnet werden solle. Jedoch zu der Stände Erleichterung wolle der Kaiser noch ein anderes Mittel vorschlagen, nemlich: "**die Wiederherstellung des Reichsregiments und den gemeinen**

Pfen-

Der Strom des Lebens rauscht vorüber, und am Ende sehen wir uns an einem Ufer, worauf wir gar nicht losgesteuert hatten. Auch unserm Fürsten Friedrich ließ der Taumel seiner fremden Sorgen, seiner Leidenschaften, seiner unerfüllten Wünsche, nicht so viele Augenblicke, um zu bemerken, wie sehr sein glänzendes Gestirn sich zum Untergang neige, welche trübe Wolken am Rande seines Lebens sich zusammenzogen. Im Lauf eines einzigen Monats riß ihm der warnende Tod die Gattin — die Mutter von der Seite (den 4ten und 31ten October 1512.). Dies, und eine tödliche Krankheit, die er im Frühjahr zuvor wider alles Hoffen überwunden hatte, versetzte seine Nerven in eine solche Erschütterung, die sich in der Folge noch bei dem ohnedem cholerischen Manne durch eine ungewöhnliche Reizbarkeit seiner Empfindungen und Leidenschaften äußerte.

(Schon im Jahr 1507. am Mittwoch nach St. Dionysientag hatte Markgraf Friedrich die letztwillige Verordnung gemacht, daß nach seinem Tod die Verwaltung der beiden Fürstenthümer an seine zwey älteste Söhne fallen, daß sie aber die Regierung gemeinschaftlich führen, nur die Lande in Ansehung der Nutznießung unter sich durchs Loos vertheilen, den jüngern Brüdern jedem jährlich 2000. Gulden Deputat, einer Schwester aber 10000. Abfindung geben sollten. Wofern ihnen die Mark Brandenburg anfiele, soll ein Bruder diese, der andere die Fränkischen Fürsten-

Pfennig, doch daß der Kaiser mehr Antheil an dem Regiment als ehedem habe, und neben dem gemeinen Pfennig, der zu klein gewesen, noch der hunderste Mann gestellt werde. Damit endigen sich die hiesigen Acten.

stenthümer haben *). Die hinterlassenen Räthe und Amtleute sollen ohne ihre Schuld nicht verändert oder abgesetzt werden; in ihrem ganzen Regiment aber die Söhne sich so verhalten, daß sie von männiglich und sonderlich von dem Adel und der Ritterschaft sich Lob und Liebe erwerben.

Alles dieses ließ sich der wohlmeinende Vater von seiner Gemahlin und seinen 5. erwachsenen Söhnen mit gegebener Hand versprechen. Aber eines andern Rathes pflegten in ihrem Herzen die unnatürlichen Söhne. Auf nichts weniger war es in ihrer brüderlichen Verschwörung angesehen, als nach dem Scepter des Vaters zu greifen, und ihn ohne Erbarmen herab von seinem Regentenstuhl zu werfen. Das kostete i h r e Seelen keinen Kampf. Kasimir, der älteste Bruder, beherrscht von einem unaussprechlichen Geiz, hatte es schon bei Affalterbach bewiesen, welch eine Kleinigkeit für sein steinernes Herz es sey, aus einem Sammelplatz unschuldiger Freuden muthwillig ein heulendes Schlachtfeld zu machen. Johann, der dritte Bruder, hatte am Burgundischen Hofe gelernt, alle kleinstädtische Empfindungen der Menschlichkeit und Moralität zu verbannen. Der zweite Bruder aber, Georg, Georg! den die Kirchengeschichte den F r o m m e n nennt, war am Ungarischen Hof in einen solchen Schlamm von Wollüsten

*) wie es im umgekehrten Fall gehalten werden soll, wenn die Fränkischen Lande an die Churlinie fielen, darüber enthält die Disposition nichts. Markgraf Friedrich war auch nicht befugt gewesen, einer andern Linie darüber Vorschriften zu machen.

sten versenkt *), daß die beiden Brüder, während Casimir mit Gewalt angreifen, Johannes aber mit seinen Hofränken im Hinterhalt liegen sollte, ihm keine andere Rolle vertrauten, als mit heuchlerischen Thränen um den Seegen des Himmels und um die Bekehrung des Alten zu bitten.

So wenig Arges dachte der alte Vater von seinem Sohn Kasimir, daß er ihn an den wichtigsten Regierungsgeschäften, besonders seit seiner Krankheit im Jahr 1512. Antheil nehmen ließ. Ein gewisser Probst im Lande (es wird von ihm nachher noch die Rede seyn) war der erste, der ihn auf dasjenige aufmerksam machte, was zwischen seinen Söhnen vorging. Dieses schreckliche Geheimniß versetzte den unglücklichen Vater in einen solchen Grad von Abscheu, Jammer und Verzweiflung, daß ers beim zufälligen Zusammentreffen mit seinen Söhnen einigemal versuchte, die Empfindungen seiner Wuth durch körperliche Angriffe auf sie auszulassen.

Jetzt wurde den Höflingen bange. Eine Menge war schon heimlich durch die Söhne gestimmt. Es war also zu berechnen, daß sie demjenigen Theil zufallen würden, der den ersten kühnen Schritt wagte.

*) so schildern ihn die Ungarischen und Böhmischen Geschichtschreiber, die ihn als den Verführer ihres unglücklichen König Ludwigs verwünschen. — (Isthuanfi, Dubravius et Balbinus etc.) Insonderheit gibt ihm Isthuanfi auch noch Schuld: eine unverzeihliche Schwelgerey, und eine bis an Unsinn gränzende Verschwendung. So stark aber war die Kraft jener religiösen Gesinnungen, daß sie, ob er sich gleich im Anfang nur heuchelte, am Ende doch noch einen guten Menschen aus ihm machten.

te. Also wurde der Tag des Faschings *) (a. 1515.) zum Ausbruch der Verschwörung bestimmt, wo sich die Söhne ihrem Vater unter der Maske am sichersten nähern konnten, und wo sie unter dem Schein der Lustbarkeiten eine Menge ihrer Verschwornen ohne Verdacht herbeiziehen mogten.

Unter lärmenden Tänzen und Gelagen, unter einer wie es schien allgemeinen Frölichkeit ging die Nacht des Faschings vorüber. Der Fürst selbst hatte sich bereits friedlich in sein Gemach zurückgezogen und S ch l a f e n g e l e g t, als Morgens um 6. Uhr die beiden Söhne Kasimir und Johann die Thüren einbrachen, den schlummernden Vater mit schändlichen Flüchen erweckten, ihm erklärten, daß er itzt ihr Gefangener sey, und ihm eine schon ausgefertigte Urkunde vorhielten, die er augenblicklich unterschreiben sollte. Noch halb wie träumend, die drohende Gewalt vor seinen Augen, mit dem reissenden Schmerzen des ersten Entsetzens in seinen bebenden Gliedern, unterschrieb der unglückliche Mann eine Urkunde, worinn man ihn sagen ließ:

"Aus merklicher Nothdurft und Schwachheit
„seines Leibes, zur Verhütung fernern Un-
„raths und Schadens hätte er bedacht, daß
„bisher seinem Fürstenthum, Land und Leu-
„ten nicht ein kleiner, sondern ein großer
„Schaden zugewachsen, und künftig noch
„größer gedeihen mögte. Dem zuvor zu kom-
„men,

*) Der Faschingdienstag fiel zwar schon am 21. Febr. der Abt zu Hailsbronn in seinem Rationario sagt aber ausdrücklich, daß zu Plassenburg der Faschingball erst am 25ten gegeben wurde.

„men, aus Pflicht gegen seine Kinder, zum
„Besten des Allgemeinen, hätte er seinem
„Sohn Kasimir wegen seiner und seiner Brü-
„der recht und redlich mit **wohlbedach-**
„**tem Muth und zeitigem gehabten**
„**Rath** (?) sein Fürstenthum, Land und Leu-
„te übergeben, alle Unterthanen ihrer Pflicht
„losgezählt und an ihn gewiesen.

Die Thüren des Alten wohl verrammelt und mit Wächtern besetzt, eilten die Prinzen, das Pergament in ihrer Hand, von dannen, bemächtigten sich der Thürme, Pforten und Wachen; die armen Wächter und das Hausgesind wußten selbst nicht recht, ob es Ernst sei, oder ein Faßnachtspiel. Beinah noch halb betrunken schwuren Ritter und Gäste den neuen Eid.

Unter dem Schein des Almosensammelns schwärmten die Bettelmönche von Kulmbach, Hof, Sparneck, Neustadt und Nemmersdorf im Lande umher. Gewohnt aus ihrem Munde Mirakel zu hören, vernahm der Pöbel die ungereimteste Schilderung des Geschehenen. Auf allen Kanzeln stellten sie den alten Fürsten als einen Tyrannen und Unsinnigen dar, von dem nun Gott das Scepter genommen. Den zartern Gewissen verkauften Ablaßkrämer aus Augsburg Trost und Verzeihung. Auf diese christliche Vorbereitung ging am 6ten März die Huldigung des platten Landes ruhig von statten.

Das erste Schauspiel, das nun die neuen Regenten der gläubigen Menge gaben, war die Verordnung,

„daß: weil alle Glückseligkeit von Gott kom-
„me, der Allmächtige jeden Sontag ange-
„rufen,

"rufen werden solle, dem alten Fürsten Ge-
"duld (ja wohl Geduld!), Gnade und Ver-
"nunft zu Bewürkung seiner Seligkeit, den
"Söhnen aber ein glückseliges Regiment zu
"verleihen.

Grausamer Spott! Armes verführtes Volk! Möchten wir nie vergessen, daß Dummheit und Aberglauben betrügerische Stützen der Regierungen sind!)

Es war vorauszusehen, daß die Prinzen die wichtigsten Plätze mit ihren Kreaturen besetzen, die thätigsten Anhänger der alten Regierung unverzüglich entfernen würden. Minister (Hofmeister) der neuen Regierung wurde Siegmund von Heßberg, der mit dem Günstling Karl von Heßberg vors erste die Hauptrolle spielte. Hans von Schwabsberg ward Obermarschall und Michel von Wiersberg Hofmarschall. Der alte Minister Hans von Seckendorf behielt nur noch den Posten eines Hauptmanns im Unterland. Die wichtige Stelle eines Hauptmanns (d. i. Statthalters) auf dem Gebürg, und Commandantens von Plassenburg, wo der alte Fürst verhaftet war, vertraute man einstweilen dem Conrad Boß von Flachslanden an, der diese Stelle schon einmal vom Jahr 1499. bis 1507. mit Würde bekleidet hatte. Die Hauptmannschaft Hof hatte man schon kurz vor dem Ausbruch der Verschwörung statt des alten Balthasar Wurm dem Wilhelm von Dobeneck, als einem Vertrauten, in die Hände gespielt. Zu Baireuth folgte dem Amtmann Wilhelm von Lentersheim Christoph von Lentersheim nach. In Neustadt verblieb der Amtmann Veit von Lentersheim. Ein Hans Haidenober wurde zum Vogt auf Plassenburg ernannt. Kanzleyschreiber (d. i. geheime Sekretäre) waren:

Hans

Hans Rorer, Georg Arnold, Heintz Plechschmidt, Jörg Hofmann, und Hans Vogel, letzterer jedoch erst seit 1518. lauter Männer vom Civilstande, die aber in der Folge, zu großen Ehren und Einfluß kamen.

Im Grund hätte man mit diesem neuen Personal so ziemlich zufrieden seyn dürfen, wäre nicht zu befürchten gewesen, daß die Prinzen für manchen rechtlichen Mann, wie z. B. für Boosen, schon wieder ganz andere, heillose Subjecte im Petto hatten, mit denen sie sich vors erste nur noch nicht herauszurücken trauten; und hätte man nicht mit Wahrscheinlichkeit vermuthet, daß mancher, der sich jetzt noch zu behaupten schien, wie z. B. der Landschreiber Pruker, ganz zuverläßig doch noch würde springen müßen.

Die Bedienten, die Hofbeamten des alten Fürsten, erhielten ihren Abschied. Dasselbe Loos traf auch die Kammerjungfern (d. i. die Hofdamen) bei den Prinzessinnen, namentlich die Dorothea von Redwitz, Ursula von Reitzenstein, Felitz Gottsmännin, Sibylla von Kronheim, Anna von Seckendorf, Magdalena von Hetzelsdorf, Amaley von Reitzenstein, Barbara von Reßenau und Agnes Staufferin, die jede mit einem Geschenk von 100. Gulden entlassen wurden.

Den alten Fürsten selbst hatte man in die engste Verwahrung auf einen Thurn gebracht, dessen Thor nur am Morgen für die ablösende Wache geöfnet wurde. Speise und Trank reichte man durch die eisernen Klappen und Gitter herein. Der Markgraf durfte keinen Fuß über die Schwelle setzen, keinen an-

andern Menschen, als die Wächter sehen, die sich auf seiner Stube lagerten und größtentheils aus verdorbenen Edelleuten und rohen Landsknechten bestanden.) Sie hießen Reichenauer, Fetzer, Langhenitz; Hans Merklein, Balthaser Pfreundter, Claus von Truppach, Caspar Behaim, Hans und Lucas von Weyer, Endres von der Kapel, Hans Gros, Konz Stürmer, Jörg Gros, Langhans, Hans Link, Stubenheitzer Gesyn und Jörg von Würzburg.

Sogleich mit dem Fürsten bemächtigte man sich seines Rathgebers und Vertrauten, der laut des gen Rom erstatteten Berichts Probst an einem Collegiatstift in dem Markgräflichen Gebiete war. Zu Plassenburg war nur ein Titularprobst, der damals Heinrich Salbher hieß und auch nachher noch vorkommt. Auch hatte Plassenburg kein Collegiatstift. Die Abtey Wülzburg wurde erst im Jahr 1523. zu einer Probsten erhoben. Der Probst zu Langenzenn, Namens Johann Farnbacher, erwählt a. 1508. schloß am Peter- und Paultag 1515. (also 4. Monat nach des Fürsten Verhaftung) einen Vergleich mit Burgermeister und Rath zu Langenzenn und blieb bis zum Jahr 1520. auf seinem Posten. Man kann also nur noch auf den Probst zu Feuchtwang, oder am Gumbertsstift zu Ansbach rathen. Dieser letztere hieß Johann Zorn und wurde gewählt im Jahr 1498. (*Schütz* Corpus hist. Brand. III. S. 122.) Gleich nach der Gefangenschaft des alten Fürsten erscheint denn nun aber als ein neuer Probst Meister Johann Knorz, der vermuthlich ein Verwandter des Stiftsdechanten Konrad Knorzen war. Da jedoch der alte Probst Zorn erst im Jahr 1519. und zwar in Wien gestorben; so scheint dadurch erwiesen zu seyn,

seyn, daß es dieser Johann Zorn war, den die Prinzen a. 1515. arretiren und absetzen ließen, der aber vermuthlich durch Verwendung der Klerisey nach einiger Zeit wieder los kam, ohne jedoch sich ferner im Lande aufhalten zu dürfen.

Die meiste Gefahr stand den Prinzen von Seiten derjenigen Stifter, Städte und Edelleute bevor, die dem alten Fürsten beträchtliche Summen Geldes vorgeschossen hatten, und nun in der Meinung, ihre Hypothek bei Würden zu erhalten, an der Wiederherstellung der alten Regierung hätten arbeiten können. Die Prinzen wurden also einig, die Prälaten, Ritter und Städte ungefähr in der Art, wie es schon a. 1509. zu Ansbach geschehen, wieder zusammen zu berufen, aus ihnen eine fortwährende landständische Verbindung zu formiren, sodann von ihnen nicht nur des alten Fürsten, sondern auch ihre eigene Schulden übernehmen und garantiren zu lassen. Dadurch hoften sie die Gläubiger der alten Regierung als ihre gefährlichsten Feinde zu beruhigen, die bewürkte Revolution durch den Schein dieser Landtags-Ceremonie zu heiligen, den fremden Höfen eine günstige Erklärung zu erleichtern, und wenn es denn ja übel gehen sollte, an den Ständen solche Mitschuldige zu haben, die man als Opfer darstellen könnte.

Aus den beiden Fürstenthümern, davon bisher jedes seine eigene Verfassung gehabt, sollte ein ge=
meinschaftlicher Landtag gebildet werden. Die Untergebürgischen hatten schon im Jahr 1509. einen Begriff von einer solchen Versammlung bekommen. Es kam also nur darauf an, nun auch die Obergebürgischen daran Theil nehmen zu lassen.

Von

Von allen Orten zog man nun hinab gen Bais-
ersdorf, wohin der allgemeine Landtag ausgeschrieben ward. Am 28ten März geschah die Eröfnung desselben. Die Vertrauten und Günstlinge der
Prinzen sonderten sich hierauf in zwei Abtheilungen,
wovon unter dem Namen des Ausschusses eine die
Untergebürgische, die andere die Obergebürgische
Stände vorstellte. An der Spitze der Untergebürgischen Stände stand der Abt Sebald von Hailsbronn, von dessen grimmiger Feindschaft gegen den alten
Fürsten seine noch vorhandene Tagebücher zeugen, sodann der Landkommenthur der Ballay Franken Wolfgang von Eisenhofen, der Abt Eucharius von Mönch
Steinach, Abt Georius von Ahausen, Abt Christoph von Heidenheim, Abt Veit von Wülzburg,
und die beiden Dechante zu Onolzbach und Feuchtwang. Die Grafen, Herren und Ritter wurden re-
präsentirt durch den Grafen Johann von Castell,
Herrn Johann von Schwarzenberg, Hans von Sek-
kendorf Überdar, Hofmeister, Apel von Seckendorf
zu Birckenfels, (wohl zu merken derjenige, mit dem
der alte Fürst auf seiner Wallfahrt zum heiligen
Grab öffentlich gebrochen hatte) Hans Georg von
Absperg, Amtmann zu Crailsheim, Hans Truchseß
Amtmann zu Dachsbach, Veit von Lentersheim Amts-
mann zu Neuenstadt, Sebastian von Lüchau zu Wie-
derspach, Sebastian von Eyb zu Vestenberg, Ernst
von Wollmershausen, Amtmann zu Hohenek, Carl
von Heßberg, Amtmann zu Kolmberg, Oswald
Schechs von Pleinfeld, Amtmann zu Röth, Linhard
von Rosenberg zu Gnoßheim, Melchior von Seinsheim zu Hohenkotenheim, Albrecht von Wilmanns-
dorf, Hans von Leonrod zum Tennlein, Konz von
Ehenheim zu Vorndorf, und Kaspar von Krailsheim

zu Morstein. Von den Städten und der gemeinen Landschaft waren beigesellt: Die Burgermeister von Ansbach, Kitzingen, Schwabach, Neustadt an der Aisch, Krailsheim und Gunzenhausen. Im Ausschuß der Obergebürgischen Stände befanden sich weder Prälaten noch Grafen und Herren, sondern blos: Conrad Boos von Flachslanden, Hauptmann des Gebürgs, Siegmund von Wiersberg zur Glashütte, Peter von Redwitz, Amtmann zu Berneck, Wilhelm von Dobeneck, Hauptmann zu Hof, Hans von Reitzenstein der Aelter, Eberhard Fortsch zu Thurnau, Ernst von Waldenfels zu Lichtenberg, Wipprecht von Kindsperg zu Weidenberg, nebst den Burgermeistern zu Kulmbach, Hof, Baireuth, Wunsiedel.

Mit Grund konnten sich die Prinzen alle mögliche Willfährigkeit von einem Ausschus versprechen, der aus ihren erklärten Günstlingen (Schwarzenberg Heßberg, Dobeneck) aus Todfeinden des alten Fürsten (Abt Sebald, Seckendorf ꝛc.) aus Gläubigern, denen um ihr Geld bange war, (Wiersberg, Waldenfels, Reitzenstein,) und im übrigen aus lauter Amtleuten bestand, die klug genug dachten, ihre Posten behalten zu wollen. Auch war es fein genug eingerichtet, daß die Untergebürgischen Stände 32. Repräsentanten, die Obergebürgischen aber, die von dem Hergang der Sachen am besten unterrichtet seyn konnten, nur zwölfe hatten.

Nach den gewöhnlichen Landtagsseufzern rückten die Prinzen mit der Historia von der Gefangennehmung ihres Herrn Vaters hervor und führten zu ihrer Rechtfertigung an, erstens daß der alte Fürst schon seit einiger Zeit nicht mehr bei Sinnen gewesen, zwei-

zweitens daß er das Land durch üble Wirthschaft ins
Verderben gestürzt und mit Schulden überhäuft. Diese Behauptungen verdienen hier eine nähere Prüfung,
als die Stände ihnen damals gewidmet.

Wer den alten Fürsten nur einigermaßen kannte,
dem fiel es sogleich auf, daß durch die vielen Turniere und Wallfahrten sein Character einen romantischen Anstrich gewonnen hatte. So religiös,
so abergläubisch, so verliebt, wie ein ächter Ritter,
so entschloßen und muthig bewieß er sich auch wo es
auf die That ankam. Dafür mußte er sich aber wieder durch ein ungescheutes Selbstlob, durch die übertriebensten Prahlereyen zu belohnen. Aber was er
versprach oder drohte, darauf konnte man sich heilig
verlaßen. Um seiner unbegrenzten Freigebigkeit theilhaft zu werden, einen Platz in seinem Herzen zu erhalten, bedurfte man nur ein Edelmann zu seyn.
Er war ein Mann von den gefälligsten Manieren,
der Zorn und Leidenschaft zu verbergen und mit vieler Täuschung die Rolle zu spielen wußte, als suchte
er bei seinen Untergebenen nichts als Zuneigung und
Liebe. Allein unter dieser angenommenen Hülle lag
ein Herz verborgen, dem es mehr darauf ankam,
durch Furcht als durch Liebe zu regieren, das mit
Eigensinn auf vorgefaßten Meinnngen beharrte,
Widerspruch durchaus nicht ertrug, und bei den wichtigsten Geschäften immer nur nach leidenschaftlichen
Rücksichten handelte *).

Alter,

*) Diese Schilderung, die auch sonst mit den Handlungen des Fürsten übereinstimmt, haben wir vom Hailsbronner Abt Sebald geborgt, der freilich zu wenig
guten Willen hatte, zu schmeicheln.

Alter, Krankheit, Kummer stimmten diesen Character zu einer sonst ungewöhnlichen Reizbarkeit. Daß aber der Fürst in einem Zustand von würklichem Blödsinn, oder wie die Anhänger der Prinzen sogar behaupteten, von Wuth und Raserey sich befunden, darüber hat uns die Geschichte nicht einen einzigen Beweis hinterlassen.

Nach den Aeußerungen der Prinzen wäre diese Gemüthszerrüttung schon seit ein paar Jahren merkbar gewesen. Und doch haben sie mit ihrem Vater in diesem Zeitraum fremde Höfe besucht, wo niemand etwas ahnete. Noch wenige Monate zuvor beehrte König Maximilian den Fürsten mit einer eigenen Gesandschaft, die die Begleitung der verlobten Königin Maria von Ungarn betraf.

Hätte der Fürst auf dem Fasching zu Plassenburg irgend eine Handlung begangen, die einigermassen Abwesenheit des Verstandes verrieth, so würden die Prinzen nicht verfehlt haben, sich seiner auf der Stelle zu versichern, wo jedermann ihr Zeuge war. Allein da fanden sich keine Blösen, und die Prinzen überfielen ihn in seinem unschuldigen S ch l a f. So konnten sie freilich mit Wahrheit sagen, daß er nicht bei sich war.

Aus der langen Zeit seiner Gefangenschaft ist nicht ein einziger Vorfall bekannt, der von seiner Verwirrung hätte zeugen können. Vielmehr schrieb er eigenhändig solche Briefe und Deklarationen, die zum wenigsten eben so gut stylisirt, als Kasimirs eigene, waren, und nur allzusehr den Schmerz über seine unwürdige Behandlung verrathen. Die noch vorhandene Berichte des alten Hauptmann Boos,

statt

statt Folge von der angeblichen Verwirrung zu ließen, sind voll von Theilnahme an dem Schicksal seines alten Herrn und dem Bestreben, die allzuharte Behandlung desselben zu mildern. Mit edler Freymüthigkeit versichert er die Prinzen, daß dieser angeblich rasende Fürst, der nach der Prinzen Behauptung sogar ihr Leben in Gefahr gebracht, sich bisher nicht an einer Seele vergriffe, sich geduldig mit seinen Wächtern unterhalte und überhaupt wie ein rechtschaffener und frommer Mann betrage.

War die Verwirrung seines Verstandes wirklich nicht zu mißkennen, warum hat man fremde Prinzen und Verwandten, die ihn besuchen und sich von seinem Unglück überzeugen wollten, von der Thüre abgewiesen, warum hat man ihn vor jedem Auge so ängstlich verborgen, warum mit einer solchen barbarischen Härte behandelt, die darauf berechnet schien, ihn zu einem Narren, der er noch nicht war, in kurzer Zeit noch zu machen? Und wie wunderbar, daß diese angebliche Tollheit gerade so lange dauerte, als dieser Prinz Kasimir lebte? So wie er tod war, trat der alte Fürst wieder ins Publikum, es erschienen Schaumünzen auf ihn, bei Hof, beim Landtag, allenthalben überzeugte man sich mit froher Theilnahme:

"daß der Alte bei vermöglichem Wesen und
"schicklicher Vernunft sich befinde."

Gesetzt aber auch, der alte Fürst hätte durch einige wiederholte Handlungen einen wirklichen Mangel an Besinnung verrathen, was berechtigte die Prinzen, dies für etwas anders, als eine vorübergehende Krankheit, einen Zustand der Fantasie, wie es der ehrliche Boos nennt, zu halten? Die erste Menschenschen, (man will nicht sagen Kinderpflicht) wäre hier gewesen, Aerzte zu gebrauchen und allenfalls in der Regierung eine provisorische Anstalt zu machen, statt den unglücklichen Mann einzukerkern, ihm im Zustand der Raserey Reverse abzudringen, die Unterthanen ihrer Pflichten zu entledigen und von den Ständen sich versprechen zu lassen, daß er Zeit seines Lebens in sicherer Verwahrung behalten werden sollte.)

Je schneller die Prinzen über den Punct der angeblichen Gemüthszerrüttung ihres Vaters dahin gleiteten, mit desto größerm Vertrauen verweilten sie sich bei den Vorwürfen der vermehrten Schulden und üblen Wirthschaft.

Hier hätte sich nun freilich über die Anordnung so mancher kostbaren Seelmessen und Salve Regina zu Kulmbach, Baireuth, Hof, Neustadt, Hailsbronn u. a. O. m. über die unnöthige Stiftung eines Klosters zu St. Jobst bei Nemmersdorf (1514.) und hauptsächlich über die blinde Freigebigkeit gegen die adeliche Günstlinge des Hofes manche Wahrheit sagen lassen. Mit Schmerzen mußten die Besserdenkenden sehen, daß die Herrschaft Lauenstein, die im Jahr 1496. durch den Tod des Jakob Heimburg der Herrschaft heimgefallen war, und ihr jährlich 1000. Goldgulden hätte ertragen können, im Jahr 1497. an den Grafen Balthasar von Schwarzburg um 4000. Gulden hingegeben wurde, der sie a. 1505. dem Grafen von Mansfeld um nicht weniger als 14000. Gulden verkaufte. Die wichtige Herrschaft Emtmannsberg, die Heinz von Kindsperg Dinstags nach Oculi 1487. dem Hause Brandenburg um 26860. Gulden erblich abtrat, erhielt am Sontag

Oculi 1496. der Gemahl einer begünstigten Hofdame, Christoph Schenk von Trautenberg. Das versetzte Rittergut Bühl schien Churfürst Albrecht von den Hainolden nur darum eingelöst zu haben, damit es die Söhne denselben von neuem verpfänden könnten.

Allein auf der andern Seite muß man dem alten Fürsten auch wieder die Gerechtigkeit wiederfahren lassen, daß er, diese Freigebigkeiten bei Seite gesetzt, im übrigen sehr auf eine ordentliche Kameralverwaltung drang. Unter seiner Regierung hat man angefangen, die Rechnungen der Amtleute genauer zu untersuchen, ihre Kassen und Getraideboden zu stürzen, den wichtigern Einnahmen Controllen an die Seite zu setzen. Durch die Errichtung der Landbücher sah man sich im Stand, Etats der Einnahmen zu entwerfen. Eine Menge unbezinster und unbesteuerter Güter wurden in die Kataster beigezogen, Schleichwege der Exemtionen entdeckt und abgeschnitten, für die Besetzung unbebauter Güter gesorgt. Dadurch eroberte der Fürst wieder mehr, als er auf der andern Seite zu verschenken schien, nur daß der Ersatz die ärmern Klassen traf. Die Herrschaft Plassenburg nicht mit gerechnet, beliefen sich in den übrigen Aemtern die durch Aufrichtung der Landbücher vermehrte Gefälle jährlich auf 807. Gulden. Die andere Einnahme aus den Aemtern Kulmbach, Baireuth und Wunsiedel hatte einen jährlichen Zuwachs von 1000. Fl. Zu Burghaig und Plassenburg, wo sonst im besten Jahr kaum 40 Fuder Wein erbaut wurden, belief sich im schlechtesten Jahr der Ertrag auf 80. bis 100. Fuder. Auf die von dem Fürsten veranstaltete Waldbesichtigung mehrten sich die jährlichen Forstrevenüen um 400. Gulden. Alles laut eines noch

noch vorhandenen Compte rendu des Landschreiber Pruckers, Besserungen, betittelt.

Die Schulden, die M. Friedrich hinterließ, hat er theils von seinem Vater noch überkommen, theils zu Tilgung der unaufhörlichen Bundes- und Reichsanlagen machen müssen, wozu aber freilich wieder kommt, daß er sich immer mehr, als ihm gebühret hätte, anzugreifen pflegte. Seine als Oberster Feldhauptmann zu Beförderung der Oesterreichischen Plane nach Niederland, Baiern und Italien unternommenen Heerzüge kosteten ihm gewiß so viel, als die beiden Fürstenthümer in zwei Jahren ertrugen. Die Prinzen erfuhren es am besten, was dazu gehöre, denn bald darauf erforderten die Bundesauflagen, Türkenhilfen, und andere Umlagen in einer Zeit von 5. Jahren 46529. Gulden.

Nie kam es so weit, daß man den Gläubigern die Zinse, den Dienern ihre Dienstgelder oder Besoldungen rückständig geblieben wäre. Ja man sah sich sogar im Stand, um vortheilhafte Erwerbungen vorzubereiten, manchen Gutsbesitzern Anleihen zu machen, wie z. B. den Lainecken auf Nemmersdorf 1600. Fl. den Wtersbergen auf ihre Hölzer im Lindach 2000. Fl. *). Auch benutzte der alte Fürst einen großen Theil seiner Revenüen, um die Schlösser und Festungen in einem guten Stand zu erhalten. Er verwandte während seiner Regierung auf die Bauereyen zu:

Plas-

---

*) Man muß hier durchaus nie vergessen, daß hier immer von Goldgulden und von Zeiten die Rede ist, wo dies wichtige Summen waren.

Plassenburg	7000 Fl.
Baireuth	2000 ‚
Bernek	300 ‚
Die Schlösser auf den beiden Kulmen	1200 ‚
Kreußen	600 ‚
Wiersberg	400 ‚
Zwerniß	400 ‚
Schauenstein *)	800 ‚
Beheimstein alle Jahr 100. Fl. thut	2900 ‚
Mönchberg	80 ‚
Hof	800 ‚
Hohenberg und Neuhaus	2000 ‚
Wunsiedel	400 ‚
Thiersheim	250 ‚
	19130 Fl.

wozu man noch eine Summe von wenigstens 4000. Gulden für Besserung des Geschützes und der Artollerey rechnen muß.

Noch mehr gerechtfertigt erscheint aber der alte Fürst, wenn man überschaut, was er bei seinen beschränkten Umständen und seiner freigebigen Großmuth gleichwohl für **wichtige Erwerbungen** machte, die seit dem bis auf den heutigen Tag bei der Fürstlichen Kammer verblieben sind:

1) im Jahr 1488. kaufte er von Heinrichen von Reitzenstein einen Hof und Herberge zu **Pirck** (vermuthlich jenem bei Hof) um 200. Gulden.
2) wie der Markgraf das von Jörg Sparneck dem Herzog Georg von Baiern verkaufte halbe Schloß und Amt Stein um 1500. Rheinisch an sich gelöst

---
*) ganz neu erbaut, seit der Hussitischen Zerstörung.

löst und darauf auch dem Herzog Otto die andere Helfte um 3000. Gulden abgekauft, hat man oben schon erwähnt. Der Landschreiber Prucker giebt den jährlichen Ertrag dieses neuen Amts auf 600. Gulden an.

3) Montags nach Marie Himmelfahrt 1489. überließ Konz von Wiersberg der Fürstlichen Kammer seine Güter zum Lehen (im heutigen Kammer-Amt Kulmbach) ¼. Zehnten daselbst, 1. Hof zu Leeßau, 2. Höfe zu Muckenreut und ¼. Zehnten zu Ludwigschorgast, wogegen man ihm die Veste Rabenstein einräumte.

4) in demselben Jahr Freitags nach St. Katharinen-Tag verkauften des Windsheimischen Bürgers Ulrich Dorns Erben verschiedene Güter und Gülten zu Ergersheim um 400. Gulden; und 1491. Freitags nach St. Bartholmä Claus und Hans Rotenburger daselbst ihre zwei Theile an dem Freihof daselbst.

5) des Veit von Sparneck, Pfarrers zu Kadolzburg und seines Bruders Arnolds Zehnten nebst etlichen Höfen und Gütern zu Mussen, nach Pruckers Anschlag 1000. Fl. werth, kaufte der Fürst am St. Peterstag Kathedra 1490. um 800. Gulden.

6) einen Wald Spitzberg genannt, bei Guttenberg, verkaufte Hans von Guttenberg Montags nach St. Katharinentag 1491. um eine unbekannte Summe. In der Pruckerischen Rechenschaft ist der Preiß zu 100. Gulden und 6. Simra Korn angegeben.

7) das Schloß Spieß hatte bereits Churfürst Albrecht den Stören im Jahr 1460. um 900. Fl. verpfändet und darauf a. 1482. für Bauereyen noch

noch weitere 300. Fl. geschlagen. Nun aber, da Wolf Stör wegen eines Todschlags in Untersuchung kam, bemächtigte sich M. Friedrich im Jahr 1491. des Schlosses, und zahlte den Interessenten a. 1499. 1500. 1501. und 1509. ihre Gelder hinaus. Prucker taxirt es auf 2000. Gulden und den jährlichen Ertrag auf 60. Gulden, welches nicht viel ist, weil sich sonst die Güter zu 10. Prozent verinteressirten.

8) Vom Reichsforst hatte Churfürst Albrecht, die an Conrad Nothaft versetzte Helfte a. 1484. wieder ausgelöst. Das dritte Viertel hatten die Schirndinge innen. Das vierte Viertel aber, an Hans Nothaft zum Weißenstein verpfändet, (und nach Pruckers Taxe mehr als 2000. Gulden werth) löste M. Friedrich Sonnabends nach Jubilate 1492 um 350. Gulden vollends ein.

9) vom Sebastian von Waldenfels Amtmann zu Wiersberg wurde Mittwochs nach Sebastiani 1495. sein Antheil an den Gütern zu Burghaig und Petzmannsberg um 920. Gulden erkauft.

10) am Dienstag nach dem heil. Pfingsttag 1501. vom Ritter Heinrich Stieber dessen Hof (vor dem der Thürrieglische Hof) zu Erlang mit den dazu gehörigen Gülten und Gatterzinsen um 1140. Gulden.

11) Montag nach St. Egidien desselben Jahrs von Albrecht von Wiersberg das Schloß Neu-Wallenrod, das künftig Hohen-Bernek heißen soll, um 2000. Gulden.

12) Ludwig von Laineck zu Leysau, dem a. 1507. sein Schwiegersohn Georg von Streitberg, um der vielen von Bamberg erleidenden gesetzwidrigen Un-

billigkeiten erübrigt zu sein, das Schloß Streitberg, mit dem Dorf unter dem Berg, dem Flecken Muckendorf, nebst vielen dazu gehörigen Dörfern und Zinßen um 38348. Rheinische Gulden verkauft hatte, überließ am Mittwoch nach St. Martinstag 1508. alles dieses dem Markgrafen Friedrich, welchem König Max kurz vorher (15. October zu Schönhoven in Holland) die Malefitz und eine Freyung verliehen hatte. Prucker schlägt aber die Revenüen davon nicht höher als 1000. Gulden an. Wär also nach damaligem Verhältnis nicht wohlfeil gekommen. Wahrscheinlich aber hat Prucker dabei den Forstertrag nicht in Anschlag gebracht.

13) dem Philipp von Vestenberg, Gemahl der Margaretha gebohrnen von Laineck, wurden am Donnerstag nach St. Gallentag 1508. 1½. Höfe zu Laineck um 400. Gulden abgekauft; ferner

14) am Sontag nach Jubilate 1509. dem Luchauischen Geschlecht die Wüstung und Holz Schönberg (im Schauensteiner Forst) um 1400. Gulden.

15) vom Kuntz von Trautenberg am Montag nach Trinitatis 1510. 1. Sölden zu Ober-Oelschnitz, eine dergleichen zu Unter-Oelschnitz, und eine zu Pirck um 136. Gulden.

16) vom Sekretär Zwickstain ein Hof zu R o h r, den er Dienstags nach St. Jacobstag 1510. den Schafheuserischen Erben um 121. Gulden abgekauft.

17) vom Jobst und Wolf Ratzenbacher drei im Markt Selb gelegene Güter um 32. Gulden, am Montag nach St. Jacobstag 1511.

18)

18) Zu obigen beträchtlichern Erwerbungen kommt noch ein Weyer unter Baireuth von Hans von Weyer um 170. Gulden.
19) Ein Hof auf dem Mühlberg ob Kauerndorf von Fladensteins Erben erkauft um 600. Gulden.
20) 2. Fischwasser am Main von denen von Guttenberg um 74. Gulden.
21) 2. Mühlen zu Baireuth zu Aufrichtung einer Bleiche und Mange um 500. Gulden.
22) eine Poliermühle oberhalb Wunsiedel um 80. Gulden.
23) zwei Häuser, des Landschreibers und des Kastners Haus wurden erkauft um 1000. Gulden, ohne was man darein gebaut.
24) in Münchberg ein Amthaus gebaut um 80. Gulden.
25) in Wunsiedel dem Kastner ein heimgefallenes Burghaus zur Wohnung angewiesen.
26) kostete die Herstellung und Ankauf des Brandenburger Sees 6000. Gulden.

Nie gelang es wieder einem Regenten der Fränkischen Fürstenthümer, seinen Lehenhof mit einer so beträchtlichen Anzahl freiwilliger Vasallen zu vermehren, und dadurch den Grund zu mancher wichtigen Erwerbung zu legen. So trug
1) Eberhard von Streitberg am Sontag vor St. Thomastag 1486. das von seiner Gattin Anna von Trautemberg ihm zugebrachte von Pruckern auf 3000. Gulden geschätzte Schloß, Lehen, mit den Gütern und Zinsen zu Angelsdorf, Mattersdorf, Rottenbach, Wurtz, Hag, Rattlsdorf, Snepfenreut, Höflein, Gößenreuth zu Lehen auf, wofür er 1000. Rheinische Gulden bezahlt erhielt.

2) machte Götz von Blassemberg, Montags nach Scolastice 1487. seinen Sitz Eckersdorf zu Lehen.

3) Montags nach Invocavit 1488. Wilhelm von Wildenstein zu Naila das Dorf Culmitz mit 2. Hämmern, 2. Wäldern und andern Zugehörden.

4) Schon im Jahr 1343. hatte Hans von Guttenberg gelobt, den Herren Burggrafen mit seiner Veste Guttenberg und dem Hof zu Steinach zu gewarten. Montags nach St. Jakobi 1490. trugen Christoph — Mitwochs nach dem heiligen Oberstentag 1493. Hans und Freitags nach St. Margareth 1513. Moritz ihre Antheile daran dem Hause Brandenburg zu Lehen auf. Prucker schätzt einen solchen Antheil auf 2000. Gulden. Unterm 28. Junii 1495. wurde der Markgraf vom König Max mit dem Halsgericht und Blutbann daselbst belehen.

5) Von dem Rittergut Schnabelwaid war Hansens von Kindsperg Antheil schon seit 1470. Lehen. Am Montag nach Egidien 1490. nahm Wilhelm von Lentersheim, Erbe und Tochtermann Friedrichs von Kindsperg, auch die andere Helfte (von Prukker auf 6000. Gulden geschätzt) zu Lehen, nachdem er sich bereits am Donnerstag nach Quasimodogeniti 1486. eventualiter darüber reversirt, und deßwegen eine jährliche Besoldungszulage empfangen.

6) An St. Erhardtstag 1491. trug Lutz von Redwitz seine Güter zu Weisbrunn, Humendorf, in der Au, zu Küps, Schmölz, und Schwürz (von Pruckern auf 4000. Gulden geschätzt),

7) am Donnerstag nach der heil. drey Könige Tag 1495. aber Heinrich von Redwitz seinen Sitz zu

Küps,

Lüps, 2. Sölden zu Langenstadt, 1. Hof und 3. Sölden zu Au, und 1. Hof in der Rosenau zu Lehen auf (von Pruckern über 800. Gulden geschätzt).

8) An St. Peterstag Cathedra 1493. machte Hans von Reitzenstein sein Schloß Schwarzenstein, den Markt Schwarzenbach, die Dörfer Gottsmansgrün, und Liphardsgrün zu Lehen und empfing sie nebst dem Halsgericht zu Bernstein und Marisreut, welche Güter Prucker auf 8000. Gulden werth und jährlich zu 400. Gulden Ertrags taxirt.

9) Am Montag nach Bartholomäi 1493. verspricht Michel Voit von seinem in Windischenlaibach zu erbauenden Sitz als ein ehrbarer Mann zu dienen und als ein Landsaß gewärtig zu seyn.

10) Donnerstags nach St. Sebastian 1495. machte Sebastian von Waldenfels sein Rittergut Cottenau, und

11) Montags nach St. Peterstag 1495. Niklaus Schirnding seinen Zehnten zu Lorenzreut, einen Hof daselbst, zu Sensen und zu Hochstätt, eine Mühle und eine Sölden zu Vischern, nebst 3. Fischwassern und einem Deich und

12) zu demselben Jahr und Tag Albrecht von Wiersberg sein Schloß Schmölz mit allen Zugehörungen (von Prucker auf 5000. Gulden geschätzt) zu Lehen —

13) am Mitwoch St. Peterstag Cathedra 1497. Christoph von Wiersberg zu Lanzendorf seine frey eigene Güter zu Ködnitz mit vielen Weingärten, und am Donnerstag des heiligen Kreuzestag Exaltationis den Wal daselbst mit 3. Söldengütern, Weinzehnten, Gärten und Feldern —

14)

14) am Dinstag nach Invocavit 1502 Hans und Conz Thürriegel ihre zwey Drittheile am Schlosse Riegelstein mit allen Hölzern und dem Patronatrecht, am Freytag der Aposteltheilung aber auch Hainz sein Drittheil, von Pruckern zusammt angeschlagen auf 2000. Gulden, —

15) am Mitwoch vor St. Merteinstag 1592. Martin von Sparneck seinen Hof zu Melckendorf, die Lehen im Salholz, 2. Höfe zu Wulmersreut, 1. Hof zu Buch, nebst mehrern Feldstücken, dagegen ihm ein Fürstlicher Hag und Holzwachs eingeräumt wurde.

16) am Sontag nach St. Marrentag 1508 Hans von Seckendorf sein Schloß Sugenheim und seine Güter zu Ipsheim, für erhaltene 800. Gulden.

17) am St. Veitstag 1509. Conz von Waldenrod den halben Theil des Sitzes zu Streittau, das Holz Puch, ein Gütlein zu Terrßreut, 5. Höfe zu Wißelshof, für empfangene 250. Gulden zu Lehen. Prucker schlägt diese Helfte zu 4000. Gulden an. Die andere Helfte war schon seit 1465. lehenbar.

18) Endlich noch zwey Tage vor der unglücklichen Gefangennehmung, nemlich Freitags nach Estomihi 1515. trug Kaspar Erlbeck zum Parkstein diesem angeblich tollen Fürsten seine zwey Dörfer Eschelsdorf und Rotenbach zum Lehen auf.

Doch da fand sich unter all den Ständen nicht einer, der Muth oder Lust gehabt hätte, zum Besten des Alten Fürsten seine Stimme zu erheben, zu verlangen, daß man seine Gesundheitsumstände genauer untersuchen, daß man vorher noch auf seine mögliche Besserung warten solle. Alles, was sie thaten, be-

beschränkte sich auf eine kahle Vorbitte, dem Alten Herrn ein lustiges fürstliches Gemach, mit einem Bad darbey, einzuräumen, ihn täglich eine Messe hören zu lassen, und dem Prior im Kulmbach, als einem frommen und gelehrten Mann, Christoph Fladenstein war sein Name, den freyen Zutritt zu erlauben.

Jetzt folgte das Evangelium von den Schulden und neuen Staatsbedürfnissen. Blos zu Unterhaltung ihres Hofstaats und der Regierung verlangten die Prinzen 23451. Gulden. Nemlich

Für die 4. Hofämter und das Frauenzimmer	12000 Fl.
Räthe- und Knechtslohn	2000 -
Hoflivree	1500 -
Für die Kanzley	177 -
Bottenlohn	525 -
Räthe- und Knechtezehrung	3200 -
Jägerzehrungen	122 -
Für Auslösung der Fürsten und ihrer geschickten Räthe	1077 -
Für Malefizische Händel	155 -
Zum Bergbau	500 -
Für die Land- Lehen- und Hofgerichte	200 -
Für gemeine Ausgaben	2000 -

Hierauf stellten die Stände vor: Nach den ihnen mitgetheilten Rechnungsdurchschnitten wäre der jährliche Ertrag beider Fürstenthümer 63468. Gulden. Wenn sie nun davon wieder abzögen:

7648 Fl. Für die Amtleute, Kastner, Vögte und Wächter.

1035 - für den Abgang der öden und eximirten Güter.

  322 für die Weingartenarbeit.
  436 ₰ für die Fischerzehrung und Weiherbe-
     satzung.
  316 ₰ für das Dreschen, Schneiden, Mä-
     hen, und Abmeſſen.
  377 ₰ für Saamkorn, Pferchkorn und
     Schwandung.

Sa. 10134 Fl. so bliebe nur noch reine Einnahme
    53334. Fl.

  Mit dieſen müßte man bezahlen:
15811 Fl. für Schuldenzinnße.
  4024 ₰ für Dienstgelder und Leibgedinge.
16200 ₰ für die Erhaltung des alten Herrn und
    das Deputat der sämmtlichen Prinzen,
    den Prinzen Kaſimir ausgenommen.
  1100 ₰ für Baureparationen.
   200 ₰ für Geldaufwechsel.
   100 ₰ für Steuernachläſſe.

Sa. 37435 Fl.

Dieſe vom obigen reinen Ertrag der 53334. Fl. ab-
gezogen, blieben ſtatt denen vom Prinzen verlangten 23451. Fl. nur noch übrig:
    15899. Fl.
wo hernach doch noch keine Reichsanlagen, die jährlich über 9000. Fl. zu rechnen, vielweniger Schuld-
Kapitalien abgetragen werden könnten. Zugleich kam
an den Tag, daß die Prinzen ſelbſt ſchon tapfere
Schulden hatten.

  Wunderbar genug! Bey dem Onolzbacher Landtag 1509. beſtimmte der alte Fürſt den jährlichen Etat
ſeines Hofſtaatsbedürfniſſes nicht höher als auf 20000.
Gulden. Dabei zahlte er aus den übrigen Landesrevenüen ſeit dieſem Landtag bis zu ſeiner Verhaftneh-
           mung

mung 62793. Fl. an den Landesschulden ab, und nun wollen diese frommen Söhne, die ihren Vater der schlechten Wirthschaft bezüchtigen, stats der 20000. Fl. womit ihr Vater ausgekommen, 23451. Fl. haben, nichts von Bezahlung der Schulden wissen und sogar den Ständen ihre Jünglingsschulden zuschieben, die, nur von Seiten des Prinzen Kasimir sich auf 53600. Gulden beliefen.

Das Resultat davon war, daß es die Stände für billig fanden, die Privatschulden der Prinzen zu agnosciren, im übrigen aber sich nicht einließen, wie und womit sie bezahlt werden sollten, sondern ihnen überhaupt sämmtliche Landesrevenüen zur freien Dispositionen überließen, worauf die Prinzen Mitwochs nach Judika unter sich einig wurden: Vors erste gar keinen Hofstaat im Land zu unterhalten, sondern sich an fremden Höfen zu behelfen, zu Verwaltung der Regierung eine Statthalterey niederzusetzen und die unter den Brüdern in Zukunft allenfalls entstehende Irrungen durch 24. Mann aus den drey Ständen der Landschaft, nemlich 4. aus den Prälaten, 10. aus der Ritterschaft und eben so viel aus dem Städteausschus vertragen zu lassen. Dabey wurden den Prinzen folgende Deputate ausgesetzt:

6000 Fl. dem ältesten Prinzen Kasimir.
3500 : Dem Prinzen Georg.
3500 : : : Johans.
1000 : : : Friedrich.
1000 : : : Wilhelm.
500 : : : Johann Albrecht.
15500 Fl.

Kaum waren diese Hauptangelegenheiten der Prinzen ins Reine gebracht, so hatten sie kaum noch Gedult genug, die übrigen Vorträge der Stände nur an-

anzuhören. Diese fromme Landtagswünsche bestanden darinn: daß alle Jahr wenigstens 8. mal Landgericht und viermal Hof- und Lehengericht gehalten, bey Kriminalfällen auf die Entschuldigung der Nothwehr Rücksicht genommen, die Streitigkeiten mit den Nachbarn abgethan, die Zudringlichkeiten der Bischöflichen Gerichte abgewehrt, eine Mühlordnung hergestellt, und überhaupt den Ständischen Beschwerden, die man jedoch nicht bezeichnet findet, abgeholfen werden möchte. Sie bitten, die Bergstädte zu beschreiben und sich mit ihnen zu berathen: wie das Gold ohne großen Schaden wieder ins Land zu bringen sey. Da die göttlichen und geistlichen Gesetze verböten, Juden zu halten und jeder, der Geld von ihnen borge, mit dem Bann belegten, so drangen sie darauf, sie alle binnen hie und Weihnachten aus dem Land zu schaffen. Gegen das Gotteslästern und Zutrinken, nach dem Aberglauben jener Zeit die Veranlassung von Pest und Mißwachs, machen sie bewegliche Vorstellungen, sonderlich damit solche bey Ihren Gnaden, als den Häuptern, vermieden würden. Alles dieses stellten die Stände in dem demüthigen Ton der Bittenden vor, mit dem Beisatz: "wie es geschehen soll steh bey ihren Gnaden." Die Prinzen gaben auch weiter gar keine Antwort darauf, nur daß sie wegen Abstellung der Räuberey und Plackerey, wozu besonders die Klöster von den Edelleuten als Niederlagen mißbraucht wurden, fleißige Streifen zu verordnen versprachen und zu dem Ende die Anstellung des Balthasar von Wolfstein als Reuterhauptmanns genehmigten, der als Tagegeld jedesmal 14. Pfennige fürs Essen, 4. Pfennige für die Stallmiete, eine Maas Wein über Mittag, und eine halbe Maas zum Schlaaftrunk erhalten sollte.

Un-

Unmittelbar von Baiersdorf aus wurde der Hofmeister Siegmund von Heßberg nach Ungarn an den abwesenden Prinzen Georg gesendet, um ihm von allem, was auf dem Landtag geschehen, Bericht zu geben, seine Einwilligung darüber zu erhalten, und ihn zu bewegen, in Ungarn zu bleiben, denn nun ging das Hauptaugenmerk Kasimirs hauptsächlich darauf, das Ruder allein in den Händen zu behalten. Nach Berichtigung seiner Geschäfte bey Kasimir sollte Heßberg auch am Kaiserlichen und am Ungarischen Hof die geschehenen Veränderungen bekannt machen, und so ehrbar als möglich darzustellen suchen, von wo man sich ohnedem wenig Schwierigkeiten vermuthete, weil am Kaiserlichen Hof Prinz Kasimir und Johans die größten Connexionen, am Ungarischen aber Georg einen allgewaltigen Einflus hatte.

In einer weit größern Verlegenheit fand sich der andere Heßberg, Karl genannt, der nach Mainz geschickt wurde, wo man anfänglich an dem Hof des Kardinal Albrechts, eines Neffen des alten Fürsten, jene Erzählungen mit vielem Kopfschütteln vernahm. Insonderheit stellte sich der bei seinem Vetter befindliche Prinz Johann Albrecht sehr aufgebracht, über die seinem Vater widerfahrne Behandlung. Da es aber der schlaue Heßberg ahnete, der Prinz mögte vielleicht nur darum böse seyn, daß er nicht auch wie seine andere Brüder ein Deputat von 1000., sondern nur von 500. Gulden erhalten sollte, so versprach er ihm und dem Prinzen Gumpert, jedem ein gleiches Deputat von 1000. Gulden jährlich, dazu noch ein Silberservice und 2. Fuder Schwabacher Bier, womit sich das zarte Gewissen des jungen Sohns beruhigte.

Ueber Mainz ging Heßberg in Begleitung des Kastner Gutmanns aus Kitzingen nach Kassel, um auch da die Gemüther zu stimmen, die Erneuerung der Erbeinigung nachzusuchen und einige Angelegenheiten wegen Mainbernheim zu betreiben. Man wußte am Hessischen Hof, daß der alte Fürst beinahe Lust bezeugt hatte, sich noch einmal, und zwar mit einer Hessischen Prinzessin zu verheirathen. Die Heßbergische Bottschaft machte also einen unangenehmen Eindruck. Man bedauerte den alten Fürsten, der immer so gut hessisch gewesen. Man lehnte die weitern Tractaten vor der Hand noch ab, ohne sich jedoch weiter in die Sache zu mischen. Der Kardinal von Medizis aber nahm es auf sich, im Fall bei der ganzen Sache etwas Sündliches mit unter gelaufen, die Absolution des heiligen Vaters in Rom zu verschaffen, welche darum desto nöthiger war, weil es die Prinzen gewagt, ihre Hände an den Probst zu Onolzbach, als einen geweihten des Herrn zu legen.

Unter diesen verborgenen Handlungen rückte der 11te Mai heran, der den adelichen Vasallen zu Muthung ihrer Lehen bestimmt war und nach Wunsch vorüber ging. Bald erfolgte auch, was man leicht vorher sagen konnte — die Entlassung des Landschreiber Pruckers, der sich seit 1485. bis zum Anfang des Jahrs 1517. in seiner wichtigen Stelle behauptete, jetzt aber mit vielem Glimpf auf die Seite gedrängt und zum Probst in Plassenburg gestämpelt wurde. Der Einfluß, den dieser Mann in die ganze Kameralverwaltung hatte, seine Direction der geheimen Kanzlei, des Lehenhofs und des Archives zogen ihm schon längst einen allgemeinen Neid zu. Heinß von Laineck, Amtmann zu Goldkronach, scheute sich nicht,

ihn

ihn einen Abentheurer zu schelten, der dem Fürsten mehr schädlich als nützlich wäre, der verdient hätte, an dem lichten Galgen zu hangen. Prucker, der sich auf seine bekannte Rechtschaffenheit berief, verfolgte seinen Verleumder im Jahr 1510. vor dem Hofgericht. Der Fürst unterdrückte die ganze Sache. Prucker hatte Weib und Kinder, da er aber gleichwohl jetzt als ein Geistlicher auftritt, so steht es dahin, ob er erst als Witwer die Weihe erhalten, oder ob er im Concubinat gelebt, welches damals nichts seltenes war. Er besaß ganz beträchtliche Zehnten, Weiher und Lehen, die er größtentheils der Herrschaft verkaufte und war bey den Bergwerken sehr stark interessirt. Als Probst wurde ihm das Archiv, wie es scheint, noch gelassen, seine übrigen Verrichtungen aber so getheilt, daß Hans Rorer, bisher Kanzleyschreiber, Rentmeister, ein Hans Claus aber, unter dem Namen eines Landschreibers, sein Gegenschreiber wurde.

Allmählig neigten sich die fremden Höfe zu Anerkennung der Prinzlichen Regierung. K. Max ertheilte a. 1516. den beiden Brüdern Kasimir und Georg die förmliche Belehnung über die fränkischen Lande und bestätigte unterm 16. Octobr. ihre Privilegien, und der Pabst zögerte zwar mit seinem Segen, doch hielt er auch auf die heimliche Freilassung des Probstes seinen Bannstrahl zurück.

So bald sich die Prinzen sicher genug von außen hielten, fochten sie unter sich selbst mit wechselseitigen Ränken. Kasimir trug es darauf an, seine Brüder zurückzudrücken, und das Heft der Regierung allein in Händen zu behalten. Georg und

Johann wollten demselben Antheil an der Regierung haben. Die jüngern Prinzen suchten wenigstens so große Deputate wie die ältern Brüder zu erhalten, und allen diesen handelte wieder der Prinz Albrecht, Teutschordens-Hochmeister, entgegen, dem sie wegen seiner reichen Pfründe gar kein Deputat mehr ausgeworfen, und bei allem was vorgefallen weder befragt noch begrüßt, der also jetzt unterstützt von seinem Vetter, dem Churfürsten zu Brandenburg, mit Heftigkeit behauptete: "sein Vater, der nichts weniger als blödsinnig sey, müße wieder eingesetzt werden."

Kasimir, der hinterlistigste unter ihnen allen enthielt sich zwar Anfangs einer ordentlichen Hofhaltung und ließ es geschehen, daß alle Geschäfte in seinem und Georgs Namen ausgefertigt wurden, jedoch arbeitete er aus allen Kräften dagegen, daß Georg nicht ins Land kam. Ihnen allen aber einen entscheidenden Vortheil abzugewinnen, entschloß er sich, die Prinzeßin Susanna von Baiern, eine Nichte des Kaisers Max, mit der er schon seit 1504. verlobt war, nun in der That zu heyrathen. Die Hausjuristen widerriethen es, Prinz Albrecht und der Churfürst in Brandenburg setzten sich öffentlich dagegen, und die Prinzen Georg und Johann, da sie sahen, daß der Kaiser für die Versorgung seiner Nichte würkte, waren klug genug, ihren Verdruß zu verbergen, und zu Onolzbach am Donnerstag nach unser lieben Frauentag Nativitatis 1518. sich zu einem neuen Vergleich zu verstehen, worinn der Baiersdorfer Vertrag von 1515. in der Hauptsache erneuert, jedoch den Prinzen Johann Albrecht und Gumprecht das Deputat auf 2000. Gulden erhöht und dem Prinzen Kasimir nachgelassen wurde, ein
Fürst-

Fürstliches Regiment und Hofwesen zu führen. Da mußte sich der karge Fürst bequemen, die Kosten aufzuwenden, seinen Kavalieren und Bedienten eine Hofkleidung zu geben, und zwar erhielten die Anrosser von Adel, Einspänniger und Fürstlichen Stallknechte 4¼. Ellen Niklasportner zum Rock, 1¼. Ellen Lundischtuch zur Hose und Kappe, 1. Elle Futtertuch unter die Hose, 3½. Ellen Barchent und 2. Ellen Leinwand zum Wams. Den Räthen, Sekretarien und Priestern gab man 6. Ellen Niklasportner zum Rock ⅓. Ellen Lundisch zur Kappe; den Amtknechten aber, d. i. den Köchen, Kellnern, Büchsenmeistern, Jungfrauknechten, Schneidersknechten, Kanzlisten und Silberknechten 6. Ellen Niklasportner. Die Hofkleidung hatte beim Kavalier wie beim Lakai einerlei Farbe und Schnitt, so viel man schließen kann grün, nur erkannte man die Domestikenlivree daran, daß sie keine Kappen tragen durften. Die adelichen Anrosser und Stallknechte erhielten auch eine Winterkleidung bestehend in

  4¼ Ellen Onolzbachischen Kembt.
  1½ Ellen Lundisch Tuch.
  5¼ Ellen Futtertuch.
  3½ Ellen Barchent.
  2. Ellen Leinwand.

Die Feierlichkeiten der Vermählung wurden a. 1518. zu Augspurg in den Augen des eben anwesenden Reichstags vollzogen, von wo sich die neue Gemahlin nach Ansbach begab. Kasimir bestimmte ihr alle Wochen 2. Gulden Wochengeld, und damit sie mit den Schätzen der Welt nicht leichtsinnig umgehen lerne, bezahlte er ihr hieran nie mehr als einige Wochen voraus. Zu Weihnachten verehrte er ihr 50. Gulden Opfergeld, zuweilen auch einen Gulden für dürre Huzzeln (dürres Obst).

Hinter seinen einsamen Mauern seufzte der unglückliche alte Vater. In den mildern Augenblicken seines Kummers ließ er die Bilder ehemaliger Turniere vor sich über gehen. Bald stellte er sich seine Hessische Braut gegenwärtig dar und klagte ihr mit leidenschaftlichen Tönen seine Leiden, seine Empfindungen. Bald versinnlichte er sich die Conterfeye seiner Fürstlichen Ahnen zu lebendigen Geschöpfen, um mit ihnen vertrauliche Gespräche zu wechseln. Bald blieb er mit unverwendeten Augen an seinem Spiegel geheftet, um sich vielleicht mit dem Schatten eines Unglücksgefährden zu trösten, oder vielleicht mit forschendem Blick zu fragen, ob diese Augen, diese Heldengestalt Muth genug verrathe, ein solches Geschick zu ertragen? Kasimir war grausam genug, ihm nun auch die Gesellschaft des Spiegels und der Contrafeye nehmen zu lassen. Der gute Boos gab ihm zu Zeiten einen Gulden, um mit den Aufwärtern in die Pfennige zu spielen. Kasimir gerieth ausser sich über eine solche Verschwendung des Geldes. Der Hauptmann stellte vor, wie unbillig es sey, den Fürsten so zu betrüben, der sich so still und rechtschaffen verhalte. Das Herz des Sohns blieb ungerührt. Der Churfürst von Brandenburg, der a. 1518. zum Augspurger Reichstag die Strasse durch Kulmbach zog, bat und flehte, zu seinem Oheim eingelassen zu werden, um ihn sprechen und trösten zu können. Er mußte vor den uneröfneten Thoren der Plassenburg ungehört vorüberziehen. Seine dem Kasimir persönlich wiederholte Bitte, wurde ihm eben so kalt abgeschlagen, daß er erzürnt darüber Augspurg verließ.

Aber

Aber so argwöhnisch war Kasimir, daß er den Stadt-Pfarrer Jakob Jäger zu Baireuth mit seiner bittersten Ungnade verfolgte, weil er vernahm, daß er mit einem Auftrag des Kaisers eine Reise nach Berlin gemacht, die nach des Fürsten Deutung keinen andern Endzweck, als die Wiedereinsetzung seines Vaters haben konnte, ob er sich gleich zu rechtfertigen vermochte, daß es in keiner andern Absicht geschehen, als den Churfürsten zu einer Versöhnung geneigt zu machen.

Mit demselben Unwillen empfand der Prinz die Vorstellungen des guten Hauptmann Boos für den alten Fürsten. Er beschloß endlich, ihm seine Entlassung zu geben, und Hans von Laineck, der schon a. 1510. Hauptmann, aber nur ein einziges Jahr lang gewesen, ein harter Mann, aus einer Familie, die dem alten Fürsten sehr zuwider war, und seine Regierung zu verrufen suchte, erhielt die Stelle.

Die mißvergnügten Brüder schlossen sich nun näher an den Churfürsten zu Brandenburg an. Sie zu trennen und dann wieder zu überlisten nahm Kasimir zu einem neuen Spiel der Verstellung seine Zuflucht. Er gab sich das Ansehen, als wenn er der Regierung überdrüssig wäre, weil der allgemeine Haß nur auf ihn allein fiele, und seine Brüder nur immer Geld verlangten. Entschlossen aus dem Land zu reiten, wenn man ihm glauben durfte, bot er die Regierung den Ständen an, die noch weniger geneigt, bloße Geldmäkler der Herren Brüder abzugeben, sich dieselbe ganz natürlich verbaten. Unter der Hand aber bot er seinem Bruder Johans an, wenn er es mit ihm halten würde, so wollte er ihn zu seinem

Mitregenten annehmen, jedoch nur in Geheim, damit die andern Brüder nichts davon wüßten. Johans ließ sich gewinnen und stellte sich sogar, als wenn er Verzicht auf sein Deputat leisten wollte. Weil sie nun wußten, welch ein Verschwender Georg sey, dem es immer an Geld fehlte, so schickten sie den Hans von Waldenfels an ihn nach Ungarn ab, um ihm die widersinnigen Propositionen zu machen: 1) auf sein Deputat Verzicht zu thun; 2) noch überdem Geld herzuleihen und seine Ungarischen Güter zu verkaufen. Ausserdem drohten sie, der Stadt Nürnberg den Wildbann und die fraischliche Oberkeit von den beiden Wäldern bis an die Wasser zu verkaufen. Man konnte es leicht berechnen, daß der schwelgende Georg sich eher zu allem, als Geld herzugeben, entschließen würde, und so unterschrieb er denn auch gutwillig den ihm vorgelegten so genannten Linzer Vertrag am Sonnabend nach dem Fronleichnamsfest 1521. welcher enthält: "daß die 3. Brüder, Kasimir, Georg und Johans gemeinschaftlich regieren und nicht mehr als eine einzige Hofhaltung führen sollten." Da jedoch die Theilnahme des Prinzen Johans ein Geheimnis bleiben, Georg aber dem Kasimir eine Vollmacht ausstellen sollte, so lag am Tage, daß Kasimir dadurch vor wie nach allein am Ruder blieb, und seine Brüder sich durch ein wahres Spielwerk äffen ließen.

Sey es nun, daß die Brüder den Betrug früh genug entdeckten, oder daß der Hochmeister Albrecht, dessen im Linzer Vertrag wieder mit keinem Wort erwähnt wurde, die Rechnung der übrigen durchkreuzte; am Mitwoch nach Cantate 1522. zu Prag kam ein ganz entgegengesetzter Vertrag zwischen den Brüdern,

dern, Kasimir, Georg, Johans und dem Hochmeister Albrecht zu Stande, vermöge dessen das Fürstliche Regiment des Bruder Kasimirs ganz abgethan und vom Quatember Trinitatis an bis wieder Trinitatis 1527. eine Statthalterey zu Onolzbach geordnet werden sollte.) Als Statthalter wurden Hans von Seckendorf, Amtmann zu Feuchtwang und der bekannte Günstling Karl von Heßberg, Amtmann zu Kolmberg bestimmt, denen man noch einige Räthe zugeben wollte. Bei Vorfällen, die den Statthaltern allzuschwer deuchten, und wenn gerade kein Prinz im Lande wäre, sollen sie Macht haben, zwölf aus den Prälaten, der Ritterschaft und Landschaft bei sich zu fordern, nemlich aus den Prälaten den von Hailsbronn, Heidenheim, Auhausen, und den Kommenthur zu Ellingen, aus dem Adel die Stattlichsten, d. i. den Veit von Lentersheim, Amtmann zu Neustadt an der Aisch, den Siegmund von Heßberg, Obermarschall und Amtmann zu Cadolzburg, den Ernst von Rechenberg, Amtmann zu Gunzenhausen, und den Hans von Seckendorf, Amtmann zu Baiersdorf, aus den Städten aber die Burgermeister oder Räthe von Kitzingen, Onolzbach, Schwabach und Neustadt an der Aisch. Eine solche zusammengesetzte Versammlung soll abwechslungsweise geschehen zu Hailsbronn, Heidenheim, Auhausen, Wülzburg und Ellingen, doch jedesmal zu Hailsbronn zweimal, bis an einem der andern Orte einmal. Man erlaubte den Statthaltern alle geistliche Pfründen unter 40. Gulden Einkommen zu vergeben; hingegen dem Prinzen Kasimir wurde eingeräumt: die Vergebung aller höhern geistlichen Pfründen, die Bestellung der Aemter, die Verleihung der Bürger- und Bauernlehen und die Bergwerkssachen. Die Ritter-
lehen

leben sollte er gemeinschaftlich mit seinen Brüdern verleihen, für die man folgende Deputate bestimmte:

10000 Gulden für den Prinzen Kasimir und die noch unbestattete Prinzeßinnen.
3500 Gulden dem Prinzen Georg.
3500 Gulden dem Prinzen Johans, so lange er solche nicht ferner erlassen wolle.
2000 Gulden dem Hochmeister Albrecht, den man bisher durch seine reiche Pfründe abgefunden glaubte.
1000 Gulden dem Prinzen Friedrich.
1000 Gulden dem Prinzen Wilhelm.
1000⎫
1000⎭ Gulden den beiden Prinzen Johann Albrecht und Gumprecht, die in Rom ein unordentliches Wesen hielten, viele Schulden machten und ihrem Beutel zu viel auflegten. Zur Ersparung auf einer andern Seite sollte nun aber auch alle freye Verköstigung bey Hof aufhören, alle Dienstgelder aufgekündet, das Wildprett (ausgenommen der Haut und einem halben Gulden Jägerrecht) nicht mehr den Jägern gelassen, sondern verkauft werden. Man beredete sich, mit den Nachbarn sich zu vergleichen, mit der Reichsstadt Nürnberg einen Kauf zu treffen, und die Oesterreichischen Lehen zu veräußern. Der Hauptmann auf dem Gebürg wurde angewiesen, auf diese, im Grund blos Niederländische Statthalterey Aufsehen zu haben, in großen Sachen ihre Befehle einzuholen und vorzüglich ihr alle Petri Cathedra Rechnung abzulegen. Im Fall der Handel, weßwegen ein Ständischer Ausschus ein-

einberufen würde, mit das Oberland betreffe, so sey der Tag nach Baiersdorf zu verlegen.

Wundere man sich ja nicht darüber, daß Kasimir durch diesen Vertrag das Kleinod der Alleinherrschaft so gutwillig, wie es schien, sich aus den Händen winden ließ. Er war es schon gewohnt, mit unerwarteter Bereitwilligkeit Dinge zu unterschreiben, denen er heimlich solche Hindernisse in den Weg zu legen wußte, daß man am Ende froh war, wenn ers nur beim Alten lassen wollte. So ging es auch diesmal. Den Stätthaltern war aufgegeben, den Prinzen Deputate zu reichen, die sie unmöglich herbeischaffen konnten. Man verlangte von ihnen, sie sollten künftighin die Verschreibungen an die Staatsgläubiger mit ihren Namen und Siegeln bekräftigen. Dadurch liefen sie Gefahr, die Staatsschulden am Ende aus ihren Mitteln bezahlen zu dürfen; und zu Statthaltern hatte man solche Personen ernannt, die sich als bekannte Geschöpfe des Prinzen Kasimir buchstäblich so erklären würden, wie er es ihnen in den Mund legte. Alles das traf zu. Die ernannten Statthalter weigerten sich ihre Stellen anzunehmen und sich mit den Staatsschulden zu bemengen. Sie erklärten sich unvermögend, die großen Deputate herbeizuschaffen, und als man zum Schein dennoch in sie drang, so erwiederten sie, daß sie zwar gezwungen diese Stellen annehmen müßten, bedienten sich aber auf den Fall der ihnen im Vertrag nachgelassenen Freiheit einer vorgängigen Aufkündigung, die sie feyerlichst übergaben.

Hierauf traten sie zwar ihr Amt an, erstatteten aber geflissentlich über die nichtswürdigsten Kleinigkeiten

ten lange Berichte nach Preußen, Ungarn und Spanien, wo sich die Prinzen befanden, daß die Prinzen selbst, noch mehr aber das ganze Land, darüber verdrüßlich wurden. Dadurch bekam der listigere Kasimir seine Brüder so in die Enge, daß sie ihm durch den zu Kadolzburg am Mittwoch nach Allerheiligen 1522. bewilligten Vergleich eine weit unbeschränktere Macht als vorher überlassen mußten. Denn hierinn erklärten sie: "daß die Statthalterey, welche keinen Vortheil gebracht, und nur die Geschäfte verhindert, abgethan seyn und Kasimir das Regiment mit einer unbedingten Vollmacht seiner Brüder (ausgenommen des Verbotes nichts zu veräußern) wieder annehmen und so lange führen soll, bis die Herrschaft aus ihren Schulden und Unrath gekommen."

Nicht lange nachher, nemlich schon im folgenden Jahr 1523. versuchte der Hochmeister Albrecht einen neuen Angriff gegen seinen Bruder Kasimir, indem er wiederholt auf die Loslassung des alten Fürsten drang, jedoch gegen einen Verzicht, sich der Regierung nicht mehr anzunehmen. Ob sich nun gleich hierum auch die Königin von Ungarn verwandte, so widerstanden doch Kasimir und Johans mit der größten Härte, behaupteten: ihr Vater wäre eher schlechter als besser geworden und am Ende würde er wohl gar noch ein Weib nehmen. Als man nun nicht nachließ, in ihn zu bringen, griff er wieder zu seinem alten Kunststück, nemlich eine Sache dem Anschein nach zu verwilligen, der Vollziehung aber unauflösliche Hindernisse in den Weg zu legen. Er ließ also gleich in den ersten Tagen des Jahrs 1525. seinem Vater einen Revers vorlegen, von dessen Unterzeichnung

nung seine Freilassung abhängen sollte, und der enthielt:

1) daß er, der alte Fürst, auf die Regierung Verzicht leisten,
2) in seiner Freiheit niemand angreifen noch mißhandeln,
3) sich von dem Hofe seines Sohns Kasimirs nicht entfernen, und ohne dessen Erlaubnis nicht aus dem Gemach gehen wolle, wogegen ihm der Sohn, damit er desto lieber darinn bleibe, ein gutes Mägdlein hineinlassen, darüber nicht zürnen und sich stellen wollte, als wüßte ers nicht.

Ueber dieses Anerbieten einer Freiheit, mit dem Beding nicht aus der Stube zu gehen, gerieth der alte Fürst in einen heftigen Zorn und keine Vorstellung vermochte ihn zu bewegen, diesen Revers, der überdem seiner Ehre nachtheilige Ausdrücke enthielt, zu unterschreiben.

Merkwürdig ist hierbey die geheime Instruction, die Kasimir seinem Vertrauten Laineck ertheilt: Wenn der Fürst leugnen solle, er habe den Regierungsverzicht im Jahr 1515. keineswegs freiwillig, oder aus Ueberzeugung, daß seine Regierung dem Lande verderblich sey, ausgestellt, so solle ihm Laineck vorstellen: "Man hab das zu seiner Ehre gesetzt, damit man glaube, es war sein freyer Wille, und nicht verschuld gewesen."

Der Fürst dictirte hierauf dem Hauptmann eine Erklärung in die Feder, die zwar nicht zierlich abgefaßt (wer hätte das damals von einem Fürsten erwarten wollen?) aber doch dahin verständlich war:

„Ich

"Ich hätte mich einer solchen Behandlung zu
„meinem Geblüte nicht versehen, denn ich
„getraue mich ohne Erröthen auf meine gan-
„ze vorige Lebenszeit zu berufen. Die Für-
„sten des Reichs haben mich seit meiner frü-
„hesten Jugend an dem Hof meines Vaters
„kennen lernen. Sie mögen sprechen, ob ich
„meine Regierung nicht mit Ehren verwal-
„tet, ob es mir an Verstand oder Muth ge-
„fehlt, meine Anschläge hinauszuführen. Es
„sey! wenn mein Sohn eine so große Be-
„gierde zu regieren bezeugt, ich bin bereit,
„ihn mehr als jeden andern, an allen wichti-
„gen Geschäften Theil nehmen zu lassen. Al-
„lein eine Regierung, die mir das heilige
„Reich anvertraut, und auf deren treue Ver-
„waltung ich geschworen, getraue ich mich
„nicht eigenmächtig zu ändern und dahin zu
„geben. Jedoch, wer gegen mich glaubt
„klagen zu können, dem erbiete ich mich zum
„Rechten vor dem Kaiser, vor den edlen
„Ständen des Reichs, und wenn es meinem
„Sohn daran noch nicht genügen will —
„vor meinem eigenen Land und Leuten. Denn
„bis jetzt hat man nur erst Eines Mannes
„Rede vernommen. Will mein Sohn auch
„darinn kein Einsehen haben, so wird doch
„vielleicht der Ausspruch des Reichsregiments
„mir endlich eine Hilfe gewähren und muß
„ichs bis dahin, wie ich zuvor gethan, der
„heiligen Dreifaltigkeit befehlen!

Voll Ungedult erwartete der Fürst die Antwort seines
Sohns auf diese Erklärung, von der er sich einen
gro-

großen Eindruck versprach. Der Prinz würdigte ihn keines Wortes, nicht einmal eines entfernten Trostes. Mit Ungestüm beschwur der Fürst den Prior von Kulmbach, der allein den Zutritt zu ihm hatte, nach Ansbach zu reisen, und den persönlichen Vermittler zu machen. Der Priester versprach es, blieb aber zu Haus und ließ sich vor dem Fürsten nicht mehr sehen, der nun auch von dem einzigen noch übrigen Menschen verlassen, sein Elend nur desto bitterer fühlte.

Aber Kasimirs Herz blieb von Empfindungen der Theilnahme und des Wohlwollens ungerührt. Auch in seiner übrigen Staatsverwaltung herrschte ein Geist von unbiegsamer Strenge, gefühlloser Sparsamkeit, und unerbittlicher Ordnung. — Statt des sonst beliebten Aufgebots der edlen Ritter und Knechte fing er an zum Krieg die waffenfähige Landsleute auszuheben, kunstmäßig zu exerciren, in Rotten einzutheilen, mit Offizieren zu versehen, und gleichförmig zu montiren, nemlich schwarz und weiß, die Leibröcke schlitzförmig gegen einander versetzt. —

Anfänglich ließ der Prinz in jeder Gemeinde versuchen, wie viel freiwillig austreten wollten, und was dann noch ermangelte, nach dem wurde mit Zuzug der Burgermeister und Dorfmeister gegriffen. Aber im Jahr 1520. entschloß er sich, mit seiner Landschaft, daß die Auswahl des Kriegsvolks durch das Loos geschehen, und jede Gemeinde den, welchen es trift, unterhalten soll. Nach einer Dienstzeit von Einem Monat innerhalb, und zwey Monat ausserhalb Landes wurde der Ausgehobene wieder entlassen und

und sodann von neuem gelost, so lange bis die Reihe einen jeden in der Gemeinde getroffen. Da mogte kein Vermögen, keine Wirthschaft, kein Gewerbe schützen. So kurz diese Kapitulationszeit schien, so empfindlich war sie doch, weil sie eben deswegen dieselbe Person nach vollendetem Kreislauf nur desto öfter traf, weil davon kein Hausvater, keine Art von Wirthschaft und Gewerbe ausgenommen war, und weil auf dem Zurückbleibenden die immerwährende Last haftete, den Ausgehobenen zu ernähren. Der Mann erhielt gewöhnlich alle Monate Einen Gulden und die Lieferung, vermuthlich die Rationen. Die Offiziere hießen: Hauptmann, Unterhauptmann, Fähndrich, die Unteroffiziere Waibel und Doppelsöldner, nebst Pfeiffern und Trommelschlägern. Zu einer guten Harnischrüstung gehörte ein Goller, ein Ruck, ein Krebs, eine Deckelhaube und die Armschienen. Zu dem Aufgebot, das Kasimir am Sontag nach Michaelis 1518. erließ, mußte die Stadt Baireuth nebst achttägigem Proviant 40., das Amt Baireuth 82., das Amt Kreußen 10., und Frankenberg 2. Mann stellen, und zwar die Helfte gerüstet mit langen Spießen, ein Viertel mit Büchsen, und ein Viertel mit Hellebarden. Hierzu kamen noch für die Stadt Baireuth 2. Wagen, für die 3. Aemter Baireuth, Kreußen und Frankenberg 5. Wagen, jeden Wagen mit 2. Schaufeln, 2. Hacken, und 2. Hauen.

Nach einem ungefähren Ueberschlag aus den Landbüchern der ebenbenannten 3. Aemter hat sich die sämmtliche Mannschaft darinn (die mittelbaren Unterthanen ungerechnet) auf 1140. belaufen, daß also diese Ausnahme von 134. Mann jedesmal den 9ten be-

betroffen. Rechnet man nun die Aemter Baireuth, Kreußen, Frankenberg, zu — 1140 Mannschaften, d. i.
Kulmbach, Berneck, Goldcronach
  Zwerniz — 1093 *Waffenfähige besegte Unterthanen.*
Hof mit Schauenstein und Helmbrechts in runder Zahl zu   1200
Die 6. Aemter nebst dem Amt Mönchberg zu   1071
Beheimstein, Plech, Spieß, Thüsbronn, Streitberg zu   1150
Die Unterländischen Aemter Baiersdorf, Erlang, Neustadt Dachsbach zu   1154
              macht   6808

Da nun damals die Hintersassen der Klöster, Kirchen, Städte und Edelleute allerwenigstens eben so viel betragen, so ergiebt sich daraus eine Zahl von . . . 13816 Mannschaften.

Diese nach dem Verhältnis 1. zu 4. zu Familien berechnet, kommt eine Zahl von 55264 Seelen heraus.

Dazu muß man aber weiter rechnen 400. adeliche Familien, nemlich 150. reiche in Schlößern und wenigstens 250 geringere auf Landgütern und Höfen, jede mit Familien und Dienerschaft zu einem Personal von 10 angeschlagen, thut 4000 Personen.
Kloster- und Weltgeistliche ungefähr 920
Juden   .   .   .   1000
  in Allem und Allen   61185 Seelen.

wovon also beiläufig der 60te ein Jude, der 30te ein Edelmann, der 60te ein Pfaffe war, vom Uebers berreſt aber ⅓ in den Städten und Märkten, und ⅔ auf dem platten Lande wohnten.

Von Zeit zu Zeit wurde durch **Muſterknech**te die Muſterung vorgenommen, und zwar, wie das Gemeinbuch von 1521. Fol. 12. beſagt:

"nicht allein bey jenen, die Seiner Fürſtli„chen Gnaden ohne Mittel zugethan, ſon„dern auch den andern, die Ihrer Fürſtlichen „Gnaden von Schutz und Schirms und an„dero wegen verwandt.

Auch in ſeine bürgerliche Verwaltung ſuchte Kaſimir den Geiſt einer militäriſchen Ordnung und Genauigkeit überzutragen. Herr Johann von Schwarzenberg hatte für den Biſchof von Bamberg im Jahr 1508. eine Kriminalordnung entworfen, auf deren Titelblatt in einem zierlichen Holzſchnitt ſich die feuerſpeiende Hölle, bedient von vielen Teufelchen, zeigte. Schwarzenberg benutzte ſeinen Einfluſs bei dem Hof der Prinzen, dieſes peinliche Geſetzbuch auch in den Fränkiſchen Fürſtenthümern geltend zu machen, wo es bereits im Jahr 1516. promulgirt wurde. Es ſtimmt faſt durchaus mit dem Bamberger überein, nur daß Kaſimir Sorge tragen lies, auf dem Titelholzſchnitt die Hölle etwas geräumiger und wärmer, die Teufel aber größer und grimmiger vorzuſtellen.

Der höchſte Endzweck dieſer Geſetzgebung bezielte keineswegs den Keim der Laſter zu erſticken, die Verbrechen an ihrer Wurzel anzugreifen, und das menſchliche Geſchlecht durch eine moraliſche Erziehung zu veredeln; ſondern nur mit blutigem Schwerd an dem unglücklichen Verbrecher Rache zu nehmen. Das Geſetzbuch ſah beinahe einer Herausforderung

an

an alle Spitzbuben gleich, ob sie es jetzt noch wagen wollten. Die Verbrecher, trotzend der Rache, krochen wie aus der Erde hervor. Es entstand ein unwürdiger Wettstreit, wer grausamer bestrafen, oder wer verschmitzter betrügen könne. Vergeblich verkündete Kaiser Karl ein geschärfteres Gesetz. Die peinlichen Prozeße wuchsen endlich so sehr an, daß sich die Prinzen genöthigt sahen, ein eigenes Kollegium, das man den Hofrath hieß, und sich blos mit Kriminalsachen beschäftigen sollte, niederzusetzen. Denn am Dinstag nach Matthei Apostoli 1525. rescribirten sie dem Hauptmann des Gebürges auf mehrere überschickte Kriminalacten:

"jetzt und füran andere Räthe, soviel in
"Kulmbach zu haben, zu sich zu nehmen,
"die den Namen Hofrath haben und in
"den Sachen da oben Erkenntniß thun und
"Bescheid geben sollen, wie sich laut der
"Halsgerichtsordnung gebühre, denn sie, die
"Prinzen, hätten hienieden übermäßig zu
"schaffen.

Durch den an die Seite gesetzten Hofrath, durch die vielen Machtsprüche und eigenmächtige Strafgesetze der Prinzen litt das Hofgericht unendlich an seiner Kraft und Ordnung. An den noch vorhandenen Hofgerichtsbüchern zeigt sich nun auf einmal eine unleserliche Schmiererey der Kanzlisten, und Hofgerichtsschreiber, Nachläßigkeiten, Schläfrigkeiten von allen Seiten. Gegen die vorige Zeiten gerechnet vermehrten sich die Appellationen ins ungeheure, und seit 1518. setzte man sich über die Gewissenhaftigkeit, die Namen der Appellanten dem Obergericht nicht zu nennen, damit es um so unpartheiischer entscheidscheiden möchte, hinweg. Alle Verhandlungen wurden jetzt mit einer Brühe von bisher unbekannten Formalien, Reservationen, begossen, und das Hofgericht, das vielleicht sein sinkendes Ansehen dadurch zu verbergen hofte, seit 1522. mit stattlichen Titulaturen beräuchert.

Das erste Hofgericht, das die Prinzen am Dinstag, Mitwoch und Donnerstag nach Visitationis Marie hielten, war mit folgenden Personen besetzt:

Hofrichter:

Conrad Poß von Flachslanden, Hauptmann vfm Geburg.

Urtheiler:

Herr Sebastian von Waldenfels, Ritter.
Herr Christoph von Peulwitz, Doctor, Amtmann zum Thierstein.
Hans von Reitzenstein zu Schwarzenstein.
Wilhelm von Dobeneck, Hauptmann zu Hof.
Wilhelm von der Grün, Hauptmann zu Streitberg.
Simon von Reitzenstein, Amtmann zu Selbe.
Claus von Truppach zu Alladorf.
Wolf von Lüchau, Amtmann zu Schauenstein.
Fabian von Auffseß, Amtmann zu Zwernitz.
Jörg von Rüßenbach, Amtmann zu Beheimstein.

In der Woche nach Cantate 1520. kommt der Boos als Hofrichter zum letztenmal vor, dessen Stelle in der Woche Exaudi 1521. der Günstling Karl Heßberg vertrat, bis sie seit Lätare 1522. der neue Hauptmann Hans von Laineck übernahm. In der Woche nach Exaudi 1527. verwaltete sie Moritz von Schirn-

Schirnding, seit Montags nach Bartholomäi 1527. aber der HauptmannsVerweser Doctor Christoph von Beulwitz.

Es scheint, als hätte Schwarzenbergs Kriminalordnung in Kasimirn gleichsam einen Geist der Gesetzgebung erweckt, dem er durch eine am Sontag nach AllerheiligenTag 1520. im Druck verkündete Bergordnung Luft machte. So wie die Kriminalordnung eine Kopie der Bamberger, so war vermuthlich auch die Bergordnung ein Nachbild irgend einer Böhmischen oder Sächsischen. Nach derselben bestand das Personal der Bergwerksverwaltung in einem Hauptmann, (im Jahr 1525. war es Leonhard von Gendorf, Kammermeister und Amtmann zum Stein) einem Bergmeister, 8. Berggeschwornen, 2. Zehntnern, 2. Hüttenreutern, 1. Austheiler, 1. Gegenschreiber und 1. Bergschreiber. Aber so wie auf die Kriminalordnung der Spitzbuben und Inquisitionen immer mehr wurden, so wurde nach der Bergordnung der Ausbeute immer weniger, und die Kammer baute mit einem starken jährlichen Zuschus auf künftige Hofnung. Inzwischen ereignete sich in Rücksicht des Münzwesens während dieser Zeit keine sonderliche Veränderung. Nach der Münzordnung Karls V. vom Jahr 1521. machten 8. Pfund und 12. Pfennigen, einen Gulden. Groschen und Schillinge waren gleichbedeutend, gingen 21 auf einen Gulden, und hielt einer 12 Pfennige *).

Den

---

*) einige merkwürdige Preise vom Jahr 1526. sind:
    8. Maas Malvasier   .   3 Fl.
    20. Pfund Zucker   .   4 :
    1. Wagen für die Frau Markgräfin . 26 :
    1. Porträt   .   5 :

Den grösten Dank, wenn es geglückt hätte, würden wir Kasimiren für seine Bemühung schuldig seyn, im ganzen Obergebürgischen Fürstenthum einerley Getraidemaas herzustellen. Die Rechnungen vom Jahr 1465. geben das Verhältnis des Kulmbacher Simra also an, daß es gleich seye:

3½ Simra zu Pegnitz.
3. Simra zu Zwernitz.
6. Achteln zu Neustadt an der Aisch.
2½ Scheffel zu Hof.
3½ Scheffel zu Schauenstein.
2. Scheffeln zu Münchberg.
2. Kar zu Wunsiedel.

Im Jahr 1526. ließ Kasimir alles Getraidemaas folgendergestalt mit einander vergleichen: In Kulmbach rechnete man nach Simra, die zu glatter Frucht 16. Mäßlein, zu rauher 20. hielten. 12¾ Mäßlein Kulmbacher Maas glatter Frucht, und 16. Kulmbacher Mäßlein rauhe Frucht, machten ein Baireuther Simra. 2½ Zwernitzer Simra glatte Frucht und 2½ Simra 2¼ Metzen rauhe Frucht glichen erst einem einzigen Kulmbacher Simra. — 4. Pegnitzer Simra glatter, und 4¼ Simra rauher Frucht waren erst gleich einem einzigen Kulmbacher Simra, und noch dazu gestrichen. Zu Neustadt am Kulm rechnete man die glatte Frucht nach Achteln, von denen sechse, Gersten und Haber aber nach Näpfen, von denen fünfe auf ein Kulmbacher Simra gingen. In Hof maas man nach Achteln und Scheffeln. Ein Scheffel hielt 8. Achtel. 18½ Achtel glatte, und 22. Achtel rauhe Frucht waren gleich einem Kulmbacher Simra. Wunsiedel rechnete nach Kar und Mäßlein. Ein Kar 6. Mäßlein,

weni-

weniger einem ⅞ Mäßlein war gleich einem gestrichenen Kulmbacher Simra. Im Unterland bediente man sich Nürnberger und Forchheimer Maases. Ein Forchheimer Simra war getheilt in vier Vierlinge. Neun Forchheimer Vierlinge glatter und 15. Vierlinge rauher Frucht machten erst ein Nürnberger Simra. Blieb nun gleich die Absicht, für diese mannichfaltige Maaße ein einziges zu substituiren, unerfüllt, so haben wir doch soviel gewonnen, daß wir von der Zeit an das Verhältnis der Maaße unter sich besser beurtheilen können, wozu nur noch erforderlich wäre, das Verhältnis des Nürnberger Simra zum Kulmbacher und den kubischen Inhalt des damaligen Kulmbacher zu wissen, der sich vielleicht noch aus einer alten Stadtaiche ergibt.

Die letzte Ordnung, die Kasimir entwerfen ließ, war eine Waldordnung. Nachdem sie der Prinz in der Versammlung seiner Räthe am Sontag Jubilate zu verlesen befahl, und hierauf Hansen von Seckendorf fragte, was ihm daran gefalle oder nicht, antwortete dieser aus dem Stegreif:

Ach du lieber Gott!
Wie viel neue Gebot?
Laßt es in Güte walten,
Wer kann sie alle halten?

Große Erwerbungen zeichneten die Prinzliche Verwaltung eben nicht aus, vielmehr wurde sogleich am Mitwoch nach Jubilate 1515. der schon von Churfürst Albrecht dem alten Conrad von Wiersberg um 1000. Fl. abgelöste Schlechtekulm der Hausfrau des Michael von Wiersberg, Teutschordensritters (sollte wohl nur heißen Marschall) wieder überlassen. Was die Prinzen herbeigebracht, bestand:

1) in

1) in den Lehen zu und um Münchberg, Markers-
reut, Schlegel, Ort und Gottersdorf, die sie
dem Ernst und Hans von Waldenfels Montags
am St. Thomastag. 1517 um 700. Rheinische
Goldgulden abgekauft.

2) am Donnerstag Fabiani und Sebastiani 1519.
verkaufte Friedrich Prucker etliche Weiher, Fisch-
behälter und Gruben, sammt einem Fischhaus,
dann drei Güter zu Muckenreut um 1000. Gulden, wovon er 800. Gulden zu Stiftung einer
Messe für die heilige Anna in der Pfarrkirche zu
Kulmbach widmete.

3) am Freitag nach Conceptionis Marie 1524. verkaufte Endres von Mengersreut zu Riegelsreut seine Lehen und Zinße zu Kemmeritz, Hutschdorf,
Döllnitz ꝛc. um 110. Gulden,

4) am Mittwoch nach Galli aber die Gebrüder Mö-
schen zu Kulmbach ihre drei Söldengüter zu Mangersreut um 100. Fl. Zu diesen keine 2000. Gulden betragenden Erwerbungen kamen noch

5) zwey Burggüter zu Dachsbach im Vorhof mit
Haus und Stadel im Dorf, 4. Güter zu Traiß-
höfstätt und das Forstamt in der Au, welches im
Jahr 1525. durch den Tod des Heintz Aurachers
zu Birnbaum heimfiel. Auch trug

6) Fritz von Reitzenstein zu Bernstein das Dorf
Bernstein mit den Gütern zu Reutlas, Affenest,
Göhren, Neuensorg am Montag nach Mariä
Magdalena 1523. wegen verwürkter Strafe
zu Lehen auf.

Diese Erwerbungen kommen jedoch in keinen Betracht, wenn man erwägt, daß Kasimir die Schulden
des Landes um 233270. Gulden vermehrt und nur im
Spiele gegen 50000. Gulden verlohren hat.

Es

Es ging schon ins 5te Jahr, daß man seit dem großen Baiersdorfer Landtag die Stände nicht mehr zusammenberufen hatte. Ein am Donnerstag nach Ciriaci 1520. zu Onolzbach versammelter Landtag hatte die schon oben erwähnte militärische Einrichtungen des Prinzen Kasimirs in Rücksicht der Soldatenauswahl zum Gegenstand. Ein neuer Landtag wurde auf den Montag nach St. Peter- und Paulstag 1521. nach Baiersdorf wegen der eilenden Hilfe, gegen Frankreich ausgeschrieben, wozu die Städte jede zwey Deputirte, einen vom Rath und der Gemeine wegen, den andern aus dem Amt abschicken mußten. Von denen im Jahr 1524 und 1526. zu Onolzbach der Religion wegen gehaltenen Landtägen wird bei einer andern Gelegenheit im Zusammenhang die Rede seyn. Daß auch im Jahr 1525. zu Kulmbach zwey Landtäge (wenn es etwa nicht bloße Rittertäge waren) und zwar einer in der Woche nach Misericordia, der andere nach Laurentii, gehalten worden, ergibt sich aus einigen noch vorhandenen Urfeden von diesem Jahr. Die Acten davon hat man bisher nicht finden können.

Seit dem Jahr 1500. war Kasimir von dem König Maximilian zum Diener mit 40. Pferden angenommen, und ihm eine jährliche Besoldung, oder eigentlich Subsidie von 4000. Rheinschen Gulden verschrieben, jedoch abgerechnet die Zeit, da er sich ausserhalb des Kaiserlichen Hoflagers oder in seinen eigenen Geschäften zu Haus aufhalten würde. Man blieb dem Prinzen die Besoldung von einer Zeit zur andern schuldig, bis man ihn endlich so weit in der Enge hatte, daß er für seine sämmtliche Rückstände, und die über 100000. Gulden betragende Forderungen seines Vaters 20000. Gulden zu nehmen versprach, die er aber, wie es scheint, eben so wenig erhalten. Bei der Bewerbung Karls V. um den Kaiserthron machte Kasimir als sein Unterhändler auf eigene Kosten viele Reisen an die Fürstlichen Höfe, wofür er wie gewöhnlich mit glatten Worten und goldenen Versprechungen abgefertigt wurde. Dahin gehört die dem Prinzen am 18ten Mai 1521 zu Worms ausgestellte Anwartschaft auf das nächst eröfnete Lehen in Italien, wenigstens 30000. Dukaten am Werth, eine Summe womit man damals ansehnliche Grafschaften oder Districte erkaufen konnte. Denn die Pflegämter Lauf, Altdorf und Herspruck wurden 1523. nicht höher als auf 34000. Stadt und Herrschaft Heidenheim im Wirtenbergischen 1520. auf 45000. das ganze Herzogthum Wirtemberg auf $\frac{220.}{m.}$ die Grafschaft Rittberg gar nur auf 12000. Gulden geschätzt. Gleichwohl hätte sich Kasimir statt dieser glänzenden Aussichten lieber mit dem Wüttenbergischen Amt Weinsberg abfertigen lassen. Der Kaiser, um ihn davon abzubringen, verdoppelte seine Schmeicheleyen und Versprechungen und gab ihm noch dazu einen zu Audenar am 7ten Decbr. 1521. datirten Brief, vermöge dessen er und seine Nachkommen befugt seyn sollten, alle von dem Haus Oettingen besessene Reichspfandschaften (so viel man bis jetzt weis, die Aemter Harburg, Mönchsroth, Aufkirch) einzulösen, wie dann dieselbige Herren Grafen sich schon seit 1493. dem Hause Brandenburg verschrieben hatten:

"daß künftig bei allen fernern Veräußerun„gen Oettingischer Güter die Herren Markgra

„grafen das Vor- und Einstandsrecht haben,
„und daß insonderheit ohne der Markgrafen
„Wissen und Willen nie ein Oettingisches
„Gut an einen andern verpfändet werden
„sollte.

So oft Kasimir den Kaiser um die Erfüllung seiner Verheißungen mahnte, erhielt er eine neue Eselshaut mit einem Siegel daran, und die Schulden des Landes wuchsen unterdessen immer mehr heran.

In den Nachbars Verhältnissen, besonders mit Bamberg und Sachsen ereigneten sich einige bedeutende Veränderungen, und eine ganz neue Wendung nahm überhaupt die Art, wie man die Differenzien behandelte. Bisher ritten gewöhnlich die beiderseitigen Räthe selbst auf die strittigen Plätze, die ältesten Leute des Orts begleiteten sie, Abends wenn man in die Herberge kam fing man an bei einem guten Trunk über die Sache zu sprechen und zu disputiren, bis man sich endlich über eine gütliche Auskunft vor einem Schiedsrichter verglichen, oder man beredete sich auf einen andern Tag wieder zu kommen. Seit dem Bamberger Vertrag im Jahr 1518. kam man überein, die Sachen bei den Zusammenkünften nicht mehr mündlich, sondern schriftlich zu verhandeln. Von eben der Zeit schreibt sich auch der Einflus her, den itzt die Reichsgerichte in die NachbarsStreitigkeiten erhielten. Sachen, die man nicht gütlich vergleichen konnte, pflegte man nemlich einer gleichen Anzahl schiedsrichterlicher Austrägleute von beiden Seiten zur Entscheidung anheimzustellen, bei welcher ein dritter unpartheyischer Edelmann als Obmann den Vorsitz führen, und bei einer Stimmengleichheit entscheiden mußte. Diese Obmanns-
rolle,

rolle, bei welcher wenig Dank zu verdienen war, suchte allmählig jeder Ritter von sich abzulehnen, und da wurde denn ebenfalls auf dem Baiersdorfer Tag 1518. beliebt, daß statt des Sternberg, der sich die Obmannschaft in mehrern Bambergischen Irrungen verbeten hatte, das Kaiserliche Kammergericht Obmann seyn sollte.

Bei dem Baiersdorfer Landtag 1515. hatten die Stände den Prinzen eine Beilegung aller Differenzien bestens empfohlen und der Bischof von Bamberg war der erste, mit dem sie eine gütliche Auskunft wünschten. Mit diesem Nachbarn hatten sich seither folgende Irrungen hervorgethan:

1) wegen der fraischlichen Obrigkeit zu Marlesreut und Pilgramsreut.

2) wegen eines Holzes, Vorchenberg genannt, worinn den Brandenburgischen Schutzverwandten zu Leinleiter das Hut- und Behölzungsrecht verweigert werden wollte.

3) wegen der Hut auf dem Göritzanger, welche die Stadt Kupferberg den Brandenburgischen Gemeinden Neufang und Birkenhof nicht einräumen wollte. (Im Jahr 1520. verglichen sie sich in der Güte auf gewisse Plätze)

4) wegen eines bei Morschiebel gefundenen todten Körpers.

5) wegen der armen Leute zu Mühlhausen, ob sie in die Zent nach Wachenrode gefordert werden könnten.

6) wegen der Jagd in der Hofmark Marolfstein, dem Behölzungsrecht in der Mark, und wegen dem Holz die Weil genannt.

7) we-

7) wegen der fraischlichen Obrigkeit zu Wasserknoden, Kirchleuß und Sabrhof.
8) wegen eines aufgerichteten Errichs zu Ernbach.
9) wegen des Geleites von Neustadt und Bruck aus.
10) wegen Verschüttung der Straßen nach Herzogenaurach.
11) wegen mehrerer Streitigkeiten der Brandenburgischen und Bambergischen Edelleute gegen einander, wobei sie ihre Herrschaft zu vertreten pflegte.

Alle diese Irrungen wurden durch den zu Forchheim Montags vor Bonifacii 1516. getroffenen Abschied auf eine schiedsrichterliche Entscheidung ausgestellt, darüber aber sich bestimmt verglichen:

a) über den Veldner Forst von beider Fürsten wegen, eine gemeinschaftliche Forstordnung zu entwerfen.
b) was nicht an die geistlichen Gerichte gehört, bei den weltlichen zu lassen, und
c) Gabriels von Streitberg Ansprüche an die Herrschaft Streitberg auf sich beruhen zu lassen.

Zwey Jahre später stand man noch auf demselben Punct, nur daß die Strittigkeiten über die fraischliche Obrigkeit zu AltenErlang, Hausen, Schönfeld, einem Ort bei Büchenbach, über den Kirchtagschutz zu Schornweisach und das Bergwerk und die Beholzung zu Lesten dazu kam. Man versicherte neuerdings auf dem Tag zu Baiersdorf und Forchheim am Donnerstag nach Ostern 1518. sich einer schiedsrichterlichen Entscheidung zu unterwerfen, wobei aber alles schriftlich verhandelt werden und das Kammergericht den Obmann machen sollte. Hingegen das Geleit be-

bestimmte man jetzt gleich also, daß Bamberg von Hochstädt bis gen Büchenbach, desgleichen nach Dachsbach und von Bamberg aus bis nach Kaltenhaus, Brandenburg aber von Kaltenhaus bis nach Kulmbach, von Dachsbach zurück nach Hochstädt und von Bruck bis gen Hochstädt zu geleiten hätte.

Da es mit der schiedsrichterlichen Entscheidung ein sehr weitläuftiges Ansehen gewann, so bemühte man sich bei einer wiederholten Zusammenkunft eben daselbst am Montag nach Dionisi 1519. eine gänzliche Ausgleichungslinie im Vorschlag zu bringen, die dann bei dem zu Baiersdorf Montags nach Exaudi 1520. erfolgten Vergleich größtentheils zu Grund gelegt wurde. Zu Folge dessen blieb nun die fretschliche Obrigkeit, alle Frevel, Wandel und Bußen, mit Kirchtagschutz und Stättegeld zu Dormenz, Heroldsbach, Schönfeld und zu Büchenbach auf der Seite nach Herzogenaurach, nach Frauenaurach und nach Merendorf ausschliesend Bambergisch, Uttenreut, Bubenreut, AltenErlang, Weyer, Rosmansbach, Spardorf Wasserknoden, Pilgramsreut, Sahrhof, Büchenbach von der Seite nach Baiersdorf, und nach Kirchleuß ausschließend Brandenburgisch, das Gericht Hausen aber gemeinschaftlich; welcher Vergleich auch im Jahr 1525. Freitags nach Exaudi von dem neuen Bischof Weigand und dem Kapitel acceptirt wurde.

Mit Chursachsen hatte sich schon mancher gütliche Tag zu Schlaiz, zu Plauen und andern Orten zerschlagen. Endlich gelang es den Brandenburgischen Räthen, Hans von Waldenfels zu Lichtenberg, Doctor Christoph von Beulwitz, Amtmann zum Thierstein,

stein, und Heinrichen von Beulwitz zu Töpen, auf einer Zusammenkunft zu Gefell am St. Mattheustag 1524. einen gänzlichen Austauschvertrag zwischen den Prinzen auf einer und dem Churfürsten Friedrich von Sachsen nebst seinem Bruder, Herzog Johann, auf der andern Seite zu Stande zu bringen. Die Prinzen traten darinn die Landeshoheit, zum Theil auch die Oberlehnherrlichkeit von folgenden Orten an Sachsen ab:

1) Lodenreut, ein Vorwerk von 8. Mannschaften, lehnbar.
2) Ottengrün mit Einer, weiland 12. Mannschaften.
3) Neukirchen (Bobenneukirchen) mit 36. Mannschaften.
4) Zettlasgrün, mit 9. Mannschaften.
5) Techengrün, mit 4. Mannschaften.
6) Großen Zobern, mit 17. M.
7) Ramelsreut, mit 5. M.
8) Perglas, mit 6. M.
9) Mißlareut, mit 9. M.
10) Plintendorf, mit 9. M. und einem Ritterpferd.
11) Krebes, mit dem Gericht und einem Ritterpferd.
12) Pößeck, ein Reitzensteinisches Dorf, mit einem Ritter-Pferd.

Dafür erhielten die Prinzen zur Vergleichung die Hoheit und zum Theil Oberlehenherrlichkeit über

1) Regnitzlosa, bestehend aus 1½ Rittersitzen, 2. Vorwerken, 16. Mannschaften und 2. Ritterpferden, lehnbar.
2) Trogenau, 19. Mannschaften, lehnbar.

3) Nemptz-

3) Nemptzka (Nentscha.) 11. M. lehenbar.
4) Kirchgattendorf, 10. M. mit einem Ritter‍pferd, lehenbar.
5) Gumpersreut, 1. Vorwerk mit 5. Mann‍schaften und einem Ritterpferd, lehenbar.
6) Hartmansreut, mit 15. Mannschaften und einem Ritterpferd, lehenbar.
7) Trogen, ein Rittersitz, 2. Vorwerke, mit 22. Mannschaften, lehenbar.
8) Isar, ein Rittersitz und Vorwerk mit 12. Mannsch. und 1. Ritterpferd, lehenbar.
9) Kaulendorf, mit 1. Lehenmann und ½ Rit‍terpferd.
10) Schwarzenbach am Wald, 3. Mann da‍selbst, lehenbar.
11) Bernstein, 2. Lehenleute daselbst.
12) Gattendorf, ein Schloß und Vorwerk mit 10. Mannschaften und einem Ritterpferd, lehen‍bar.
13) Reitzenstein, ein Schloß und Vorwerk mit 18. Mannschaften und 2. Ritterpferden, lehnebar.

Diese Orte und Mannschaften, worüber man sich in einem ziemlich gleichen Verhältnis die Hoheits‍ und Lehensgerechtsame wechselseitig abtrat, gehörten durchgehends Edelleuten, Klöstern und Pfarreyen an. Die Flurmarken der abgetretenen ganzen Orte sollten zugleich als die Landesgrenzen gelten. Sach‍sen zählte hierauf nicht nur die in allen diesen Orten seßhafte Bauern, sondern auch die Unterthanen vom Adel (d. i. die Reitzensteine, zu Regnitzlosa, die Feilitsche ebendaselbst und zu Trogen, die Spar‍necke zu Gattendorf) ihrer Pflichten los und über‍wies sie damit an Brandenburg. Wer Lehenmann war,

war, wurde darauf vor dem Obergebürgischen Lehenhof, jedoch nach Sächsischem Mannlehensrecht beliehen. Uebrigens kam man in Absicht des Fürstengeleites überein, daß Sachsen von Plauen, Oelsnitz, Voitsberg, Adorf und Schleitz aus bis gen Hof in die Stadt, Brandenburg hingegen von der Stadt aus wieder zurück bis an alle jene Orte soll geleiten können.

Der geheime Plan des Pfälzischen Hauses, sich an der Reichsstadt Nürnberg wegen der abgenommenen vielen Pflegämter zu rächen, veranlaßte es, die Freundschaft der Brandenburgischen Prinzen zu suchen, obgleich die beiden Häuser Pfalz und Brandenburg sich bisher sehr zuwider waren. Am Katharinentag 1517. kam ein Schutzbündnis unter beiden zu Stand, worinn von Wiedereroberung der an Nürnberg abgetretenen Städte ganz deutlich die Rede war. Die Vermählung Kasimirs mit einer Baierischen Prinzeßin schien das Einverständnis zu befördern. Bei ihrer persönlichen Anwesenheit zu Onolzbach im Jahr 1519. beredeten sich die Pfälzischen Prinzen mit Kasimiren, sich von Grund aus mit einander zu vertragen, und dabei es nicht zu genau zu nehmen. Der Conferenzen und Auftragtage wurden viele gehalten, aber nie kam man zu einem endlichen Beschlus.

Nürnberg selbst, besorgt für seine junge Eroberungen und unterrichtet von dem großen Einflus Kasimirs am Kaiserlichen Hof, vermied alle Gelegenheit, mit einem Prinzen zu brechen, dem es seit der Affalterbacher Geschichte nicht mehr traute. Da es vollends laut wurde, daß die Prinzen, um nur Geld zu haben, geneigt wären, ein Stück Land

M an

an die Stadt zu verkaufen, so zogen sich sogar ihre Nachbarsmienen in die gefälligsten Falten.

Für ihre Theilnahme an den öffentlichen Unruhen, wovon bald nachher die Rede seyn wird, mußte die Reichsstadt Rotenburg dem mit Erekution herangerückten Prinzen Kasimir dafür büßen, daß sie nebst mehrern an die untergebürgischen Aemter Uffenheim und Kreglingen abgetretenen Stücken, durch einen zu Onolzbach am Montag nach Kiliani 1525. getroffenen Vergleich dem Amte Hoheneck alle Rechte und Gerechtigkeiten des hohen und niedern Gerichtszwanges und Obrigkeit an den Gerichten zu Dottenheim, Ober- und Unterneßelbach, Westheim, Urfersheim, Külsheim, woran sie vorher, man stellt dahin mit welchem Grund, Ansprüche machten, mit Inbegriff der Atzung, Frevelbuße, Reiß und Folge überließen und sich nur die grundherrlichen Abgaben von Gült, Handlohn und Hauptrecht vorbehalten.

Von dem Böhmischen Hof, wo der Prinz Georg das Ruder führte, hatte man sich nichts widriges zu versehen. Die Verhältnisse mit Wirzburg aber hatten mehr auf das untergebürgische Fürstenthum, als auf das Oberland Bezug. Doch mag hier erwähnt werden, daß die Prinzen unterm 12ten Aug. 1518. vom Kaiser eine Anwartschaft auf den Güldenzoll, nach Abgang des Bischof Lorenz von Wirzburg erhielten, und daß Karl V. als er den Bischof mit dem Herzogthum Franken belieh, den Prinzen, die sich gegen diese Anmaßung setzten, unterm 4ten April 1521. eine Erklärung ausstellte:
"daß dieses ihren Landesgerechtsamen
„in Franken unnachtheilig seyn solle."

Die

Die nächste Sorge der Prinzen ging offenbar immer nur dahin, sich in ihrer Regierung gegen die Anhänger ihres Vaters zu behaupten. Man fand kein Bedenken, dem Adel, auf den hierbei alles ankam, Landständische Rechte einzuräumen, und sich in dieser Lage der Verbündung der Fränkischen Ritterschaft mit dem vorigen Eifer zu widersetzen, hätte man für allzubedenklich gehalten. Diese setzte also ihre Versammlungen nun um so ungehinderter fort. Am Donnerstag nach Kiliani 1515. war in Windsheim eine Versammlung aller 6. Orte des Landes zu Franken, wo beschlossen wurde, ihre Streitigkeiten durch ein Austraggericht von 9. Personen entscheiden zu lassen, den Landfrieden handzuhaben, des Zutrinkens, wenn sie nicht ausserhalb Frankens wären, sich zu enthalten, in ihren Kleidern und öffentlichem Aufwand sich einzuschränken. Man bestimmte die Zeit dieses Bündnisses nicht länger als auf 5. Jahre. Man beredete sich, in der nächsten Woche nach Matthäi wieder zusammen zu kommen, doch könnte sich die Gebürgische Ritterschaft besonders, unter Direction des Eberhard Fortschen, versammeln. Ehe diese Versammlung vor sich ging, begab sich Kasimir persönlich zu dem Bischof von Bamberg (am Sontag nach Mariä Geburt) um sich mit ihm über gemeinschaftliche Maasregeln zu berathen. Da die Ritterschaftliche Verbündung nur die Handhabung des Landfriedens und eine Reichspolizey zu bezwecken schien, so fanden beide Fürsten am räthlichsten sich an die Spitze dieses Bündnißes zu stellen, und ihm dadurch alle Einseitigkeit und Schädlichkeit zu benehmen. Da aber der Wirzburger Bischof abermals damit nicht übereinstimmte, so thaten jeder der drey Fürsten für sich allein —

M 2 nichts,

nichts, die Ritterschaft aber, was ihr beliebte, und die Fürsten würden allmählig immer weniger inne, was auf ihren Conventen geschah.

Auch die Ritterschaft im Vogtlande war klug genug, gerade den itzigen Zeitpunct zu benutzen, um die Grenzen ihrer bisherigen Befugnisse zu erweitern. Wahrscheinlich auf dem Baiersdorfer Landtag noch drangen sie in die Prinzen, ihnen die in Händen habende Verschreibungen der vorigen Regenten, der fretschlichen Händel, Buß und Frevel halber zu **verteutschen**. Wenigstens erfolgte wenige Wochen darauf (am Montag nach Misericordias 1515.) eine umständliche Declaration der Prinzen, die man zuweilen sehr unrichtig den Plassenburger Vertrag benennt. Denn es war hier von keinem Vertrag, sondern von einer Deklaration eines Privilegiums, als einer Landesherrlichen Gnadensache die Rede. Als Grundsatz wurde angenommen: "Alles was Hals und Hand antreffe, gebühre der Landesherrschaft zu bestrafen, ohne Unterschied, das Verbrechen möge auf einem adelichen oder auf einem Fürstlichen Kammergut von einem adelichen Hintersassen oder sonst von jemand begangen seyn, und zwar mit dem Beisatz: "wenn das Verbrechen von einem adelichen Hintersassen im Fürstlichen Halsgericht begangen, und er ergriffen wird, eh er aufs adeliche Gut kommt, so hält sich der Fürstliche Amtmann nicht nur an seine Person, sondern auch an sein Gut und Vermögen; wird er aber erst erwischt, nachdem er schon wieder auf dem adelichen Gut ist, so soll ihn der Fürstliche Amtmann nicht weiter annehmen, denn wie ihn der Gürtel umzingelt, d. i. nur seiner Person, nicht seines Guts sich bemächtigen; entwischt er aber ganz und

und gar, so soll der Fürstliche Amtmann über sein Gut eine Inventur und Sequestration verhängen dürfen. Als Fälle, die die Hand antreffen, und gleichfalls zur landesfürstlichen Gerichtsbarkeit gehören, seyen zu betrachten: Alle tödliche, durch Geschworne für erztödlich erkannte Verwundungen, im Fall der beschädigte stirbt, Abhauung der Hände und Finger, Injurien, die wahr gemacht werden wollen, notorische Weglaurung, nächtliche Grenzverrückungen, überhaupt alles, worauf peinlich auf Leben und Tod gesprochen werden möchte: Hingegen was vom Anfang an nicht tödlich war, und was nicht Hals und Hand antreffe, soll vor das Gericht des Edelmanns gehören. Entlaufe ein Missethäter von dem adelichen Gut, so soll ihm der Fürstliche Amtmann nicht Geleit geben; bleibe aber der Beschädigte am Leben, so könne die Sache vor dem Fürstlichen Gericht ausgetragen werden. Edelleute, die eigene Halsgerichte hergebracht hätten, sollten dabei bleiben. In blos bürgerlichen Sachen solle man die Hintersassen des Adels bei ihrer Herrschaft vorbehältlich der Appellation an die Fürstliche Obergerichte, belangen, erhalte man aber hier kein Recht, so trete die Gerichtsbarkeit des Fürstlichen Amtes ein.

Wie schön man sich wohl damals alles in der Ordnung dachte! den alten Fürsten sicher verwahrt, mit den Brüdern die Beute richtig getheilt, mit den Nachbarn theils im Frieden, theils vertragen, und die Privilegien des Adels erneuert und vermehrt, Steuern und Renten im Wachsen, den Gehorsam des Bauern durch peinliche Halsgerichte, durch gemahlte Teufel und Drachen gesichert. Und siehe! aus diesem süßen Traum der Sicherheit und Ruhe muß

muß ein Sturm erwecken, von einer Seite, wo man sich am wenigsten versah. Auf einmal schiens, als sollte auf dieser alten Welt eine neue Ordnung beginnen.

In dem äußersten Ende von Schwaben hatten sich einige Bauern den steigenden Forderungen ihrer Grundherrschaft mit geballter Faust entgegengesetzt. Hätten damals die Herrschaften die Irrenden einer kleinen Erleichterung, vielleicht nur einer gutmüthigen Belehrung gewürdigt, und sich nicht so blindlings den Leidenschaften des Zorns und der Rache überlassen, gewiß wäre dann auch auf Seiten der Bauern diese erste Gährung nicht so plötzlich in Verzweiflung übergegangen. Aber jetzt erhob Gewißheit der Strafe den Widerstand zur Nothwehr. Gleiche Leiden erregten die Theilnahme des Nachbarn; dieser weckte wieder seinen Nachbarn auf, und so drohte ein kleiner örtlicher Schmerz die plötzliche Entzündung des ganzen Körpers. Aber da dies alles nur in Schwaben geschah, kümmerten sich des die Fürsten in Franken nicht.

Jetzt fing es auch in Franken zu brennen an. Zwey verschiedene Corps von Aufrührern standen auf einmal da. Das eine hatte sich in der Gegend von **Rothenburg** aus den umliegenden Dörfern gebildet, das andere rückte vom **Odenwald** her, eroberte Mergentheim, verbrannte das Kloster Schönthal, vereinigte sich mit dem Rothenburger Corps und überschwemmte die Hohenlohische Lande. Von da ging jedes wieder seinen eigenen Weg, die Rothenburger zurück an die Tauber, die Odenwalder aber, verstärkt mit 1200. Schwäbischen Bauern,

über

über Hailsbronn, Neckarsulm und Weinsberg, wo sie allenthalben als Sieger einzogen, zurück in den Odenwald. Einige Wochen lang hatten sie hier die Gegenden des Odenwalds und des tiefern Mains durchstreift, als sie plötzlich wieder eine Wendung über Ochsenfurt machten, mit den Rothenburger Brüdern sich noch einmal vereinten, und den großen Anschlag faßten, Wirzburg zu erobern, zu welchem Ende sie, wie man sagt 20000. Mann stark, am 7ten Mai 1525. ein förmliches Lager vor Heidings-feld schlugen.

Damit war denn nun auch das Signal eines allgemeinen Aufstands im innern Franken gegeben. Aus den Speichern der Klöster und Pfaffen führte man den Proviant herbey. Die umliegenden Städte mußten sich zu Anleihen und Lieferungen verstehen. Man erpreßte Geschütz und Pulver von ihnen. Un-zählige Emißare des Bäurischen Lagers durchstreiften das platte Land, um unter den fürchterlichsten Dro-hungen alle Dörfer aufzubieten. Zitternd vor der Rache, womit der Sieger die zurückbleibenden aus-reuten würde, voll Ungeduld, an diesen glorreichen Zügen, an der tobenden Freude und dem Ueberflus des Lagers Antheil zu nehmen, strömten die armen Schlachtopfer aus allen Dörfern herbey.

Unglücklicher Weise ergriffen jetzt Kasimir und seine Rathgeber ein Mittel, das die Flammen ver-größerte. Durch seine Amtleute erließ er in allen Dörfern ein Aufgebot, ihm mit Wehr und Waffen zuzuziehen, um dann dem Heer der Bauern bei Hei-dingsfeld entgegen zu gehen, und es entweder aus-einander zu schlagen, oder doch so lange zu beobach-ten

ten und aufzuhalten, bis das noch in Schwaben beschäftigte Bundesheer herbeirücken könnte. Wo bisher noch Gemeinden oder Gegenden ruhig oder unschlüssig waren, da wurden sie vollends durch dieses Aufgebot gereizt und zum wahren Aufstand verleitet. Die ruhig gebliebenen Bauern fürchteten sich weit mehr, als der Edelmann, vor dem Heer der Aufrührer. Jetzt noch gar die Waffen gegen sie ergreifen, schien ihnen soviel, als ins offenbare Verderben zu rennen. Wenn es denn also ihrer Meinung nach ja zu Grund gegangen seyn sollte, so entschloßen sie sich jetzt erst, dem Lager der Bauern zuzuziehen, wo wenigstens vors erste die Uebermacht war, und wohin sie ihr eigentliches Gefühl, das Beispiel ihrer Brüder und Nachbarn zog. Noch hatten die Unterthanen im Amte Hoheneck am 8ten Mai keinen Theil genommen. Aber so wild, wie sie nun bei dem Fürstlichen Aufgebot wurden, versicherte der Amtmann, sie in seinem Leben noch nie gesehen zu haben. Am 9ten Mai zog Burgbernheim, Markt Bergel, Ergersheim, alles umher, dem Lager der Bauern zu. Das Amt Dachsbach nahm jetzt ungescheut Theil. Neustadt an der Aisch, wo sie mit 213 Pferden einritten, fiel in der 4ten Osterwoche in ihre Hände. Gleich darauf mußte sich das Schloß Dachsbach ergeben. Die Klöster Rietfeld, Birkenfeld, das adeliche Schloß Uhlstadt mit mehrern andern, wurde ein Raub der Flammen.

Vom 17ten bis zum 25ten Mai hatte Kasimir sein Hauptquartier in Markt Erlbach, wo er vergeblich auf eine Verstärkung vom Oberland harrte. Denn ohne diese fühlte er sich allzuschwach, gegen die dichte Masse der Bauern etwas zu unternehmen.
Allein

Allein auf einmal zeigten ihm die Bauern eine Blöße. Sey es, daß Uebermuth, Unklugheit oder Mangel des Proviants es veranlaßte, vielleicht auch, daß sie glaubten, dem heranrückenden Bundesheer eine Diversion zu machen, kurz sie vertheilten nun ihr furchtbares Heer freiwillig in drei kleinere Haufen, wovon der eine unter Anführung des Götz von Berlichingen die Tauber hinauf nach Königshofen, der zweite unter Anführung eines gewissen Kaisers aus Markt Bernheim, nach Neustadt zog, der dritte aber zu Wirzburg Posto faßte. Diese Theilung geschah am 26ten Mai; an demselben Tag zog Kasimir, der also sehr gute Kundschafter haben mochte, dem nach Neustadt bestimmten Corps schon bis Hohenneck entgegen, wo er übernachtete, und in seinem Zorn die Dörfer Oberndorf, Kaubenheim und Meinheim anzünden ließ. Am 28ten überfiel er sie schon bei Neustadt und hing ihnen eine ziemliche Schlappe an. Sein Nachtquartier nahm er in Ipsheim. In der Nacht noch wurden 10. Gefangenen die Köpfe abgeschlagen. Am 29ten Mai nahm er sein Lager in Lenkersheim, ließ zum Abschied noch die Orte Ickelsheim, Sontheim, Westheim niederbrennen, und begab sich sodann wider alle Erwartung am 30ten plötzlich zurück nach Ansbach, nachdem er jedoch auch noch Urfersheim vorher in Brand stecken ließ.

Auf diese Art brachte die kurze Anwesenheit des Kasimirs dem Land wenig Schutz. Weil die Bauern einige Klöster und Schlösser abbrannten, glaubte er sich befugt, ganze Reihen von Dörfern anzünden zu laßen. Man stritt sich am Ende um Aschenhaufen und so wie er abreißte, folgten die Bauern seinem Beispiel und zündeten ein Dorf nach dem andern an.

Denn damit geschah ihnen vors erste gar kein Abbruch, weil die Zerstörung der Dörfer den Zuflus der Menschen in ihr Heer vergrößerte.

Allmählig rückte das Schwäbische Bundsheer über Weinsberg und Neckarsulm nach Königshofen und Engelstadt vor. So wie das Neustädter Bauerncorps dieses vernahm, zog es am 1. Junii bis nach Uffenheim, und am 2ten aufs Ochsenfurter Gau entgegen. An demselben 2ten Jun. wurde aber das unter Berlichingen gestandene Corps mit Verlust von 6000. Mann, und am Pfingsttag darauf (den 4ten) die auf dem Ochsenfurter Gai, mit ungefähr demselben Verlust geschlagen. Eben so mußten auch die Bauern am 7ten Junii die Belagerung von Wirzburg aufheben, womit der Krieg eigentlich sein Ende hatte.

Aber jetzt sollte erst die Schaale der Rache ausgegossen werden. Bei allen diesen entscheidenden Auftritten war Kasimir nicht zugegen. Aber wie ein Geyer auf die Leichname des Schlachtfelds, flog er jetzt aus seinem Schlosse Ansbach herbey, um nach seinen blutigen Opfern zu greifen. Der freudige Einzug zu M. Bergel wurde am 6ten Jun. mit Kopfabschlagung dreyer Ueberwundenen gefenert, und dann, begleitet von dem Schwäbischen Bundesheer über Schweinfurt, wo sie am 14ten lagerten, der Weg nach Bamberg eingeschlagen.

Eigentlich war in diese Länder das Heer der Aufrührer niemals vorgedrungen. Blos das unzeitige Flüchten der Geistlichkeit und des Adels verleitete den armen Bauern zu wähnen, ein unbezwingbarer Feind stehe schon jetzt vor der Thür, und nun von seinem Obern sich überlassen, konnte man da was an-

anders erwarten, als daß er sich durch Theilnahme an der gemeinen Sache, Schonung für seine Hütten und Felder zu bewürken suchen sollte? Inzwischen gaben im Bambergischen die Städte gewöhnlich den Ton an, das platte Land schloß sich an sie an, und ihre ganze Absicht beschränkte sich dahin, den Adel zu zwingen, in die Städte zu ziehen und dort als Bürger die gemeine Lasten zu tragen. Am 18ten Mai erhielten die Herren von Wildenstein zu Naila und Schwarzenbach von den Bürgern zu Stadtsteinach und Kupferberg den Auftrag, ihre Häuser freiwillig abzubrechen und bei ihnen Bürger zu werden. Der Hauptmann des Gebürgs zu Plassenburg stellte ihnen vor: diese Wildensteinische Güter wären in des Markgrafen Obrigkeit gelegen, worauf jene wieder zur Antwort ertheilten: "Sie wollten sich gegen den Markgrafen und alle seine Unterthanen sehr gern nachbarlich beweisen; aber daß sie an ihrer Seite solche Gäste geduldeten, die ihnen nur zu schaden suchten, wäre ihnen nicht zuzumuthen. Als eben dieselbe das Schloß Guttenberg abbrennen wollten, erließ der Plassenburger Hauptmann ebenfalls eine Abmahnung an sie (Samstags nach Cantate) worauf sie erwiederten: Sie hätten geglaubt, die Guttenberge wären Bambergisch. Auf die Versicherung, daß sie Brandenburgische Landsaßen seyen, gaben sie sich diesmal zufrieden. Einer Guttenbergischen Wittwe zu Breitenreut konnten ihre Bitten, sie nur noch, so lang als sie lebe, in ihrem Schlosse zu lassen, nichts nützen. Sie mußte sich bequemen nach Kronach zu ziehen. Den Zeyern zu Heßelbach fertigten sie folgende Mahnung zu:

  Vnser wyllick dinnst zuuor, liber Heincz von
  Zceiernn, wir fugenn euch zue wissenn das
               vnns

vnns auß denn feltleger aus Bannberg diser Stunde geschribenn, alle schlosser vnnd heusser der vom adell In des styffts bannbergks Obrykeitth vnnd derselben grundt vnnd podenn ligennd, vnangesehen der lehen wes Herrn die seynn, abbrechenn vnnd eynreyssenn vnnd wo es an schaden ander leuwdtt geseyn moge mit feuer aufbrennenn, denn selbenn Jrenn Ernstlichenn befelch mussenn wir volg lebenn vnnd des nitt vmbgehen mugen Darummb wollett euer behaussung vnuerzogenlich reumenn vnnd wo Jr des willens zue vnns zue purgerlicher mittleydung Zuettbegebenn, des doch zue eurem gefallenn stehen solle, sollt Jr eyngenohmenn werden vnnd vunser leib Ehre vnnd guett euch seczenn, vnnd Jr thutt solchts aber nitt wurdett doch denn beuelch volggelebett, Darnach wist euch zue richtenn, Datum ann Dinnstag nach vocem Jocunditatis Anno rc. xx v⁰ ᵐᵒ

   Burgermeyster rath vnnd
   gemaynne der stadtt Cronach sampt der lannttschafft
   doselbst rc.

Der Redwitze Schloß zu Wildenrod, das die Kronacher auf die Vorstellung des Plassenburger Hauptmanns verschonten, wurde gleichwohl nachher durch die Burger zu Burgkunstatt und Weißmain ausgebrannt. Die Redwitze zu Küps und zu Schmölz fingen an, ihre Häuser selbst abzubrechen, nachdem ihnen der Hauptmann des Gebürges geschrieben: "Es wäre jetzt bey diesen Leuten kein Gehör mehr zu "erlangen. Er schicke ihnen seines gnädigen Herrn "Wap-

„Wappen, um es aufzustecken, helfe es was es will." Die Hofelder richteten ihre Drohungen gegen Thurnau, und brannten Auffees und Freienfels ab, wovon sie hernach die Schuld einem Peter Hofmann beimaßen.

Ehe noch Kasimir ins Bambergische rückte, befahl er von Schweinfurt aus, seinem Bruder Johann Albert, Ebermanstadt niederzubrennen, weil sie einem Fürstlichen Courier die Briefe abgenommen. Zum Vorschmack der Freude wurde auch kund gethan, daß man in Schweinfurt mit Köpfen und Augenausstechen tüchtig beschäftiget sey. Am 18ten Junii, traf er in Bamberg ein, der unerbittliche Prinz. Sogleich zertheilten sich die Gewalthaber des Fürsten, um die in Ungnade gefallene Städte aufzufordern und zu brandschatzen, nemlich den Ritter Siegmund von Wiersberg, den Melchior von Sparneck und Caspar von Guttenberg nach Weischenfeld und Pottenstein, den Simon von Reitzenstein und Fabian von Auffes, nach Holfeld, Weismain und Burgkunstatt, den Hans von Zedwitz nach Stadt Kronach, und den Wolf von Wiersberg nach Stadtsteinach, Kupferberg, Schorgast und Leugast. Nirgends trafen sie Widerstand an. Allenthalben ließ man sich in Unterhandlungen über die Summe der Brandschatzung ein. Auch Ebermanstadt erkaufte sich Gnade. Endlich kam auch zwischen dem Bischof und den Bauern selbst eine Kapitulation zu Stande, in welcher die Ueberwundenen gelobten: alle Wehr und Waffen abzugeben, ihre Rädelsführer zu benennen und auszuliefern, eine neue Erbhuldigung zu thun, ihre Zinsen, Fronen und Zehnten wie vorher zu entrichten, und allen von ihnen verursachsachten Schaden nach des Bundes Ermäßigung zu ersetzen. Der Bund legte in der Folge jedem den 30ten Pfennig seines Vermögens als Ersatz des Schadens auf. Aber nicht zufrieden damit, bezog der Bischof den 20ten und noch dazu 3. Gulden von jeder Heerdstätte. Am 23ten Jun. brach Kasimir von Bamberg wieder auf, um nun auch seine Zuchtruthe über Rothenburg und Neustadt an der Aisch zu schwingen, das Bundesheer aber kehrte nach Schwaben zurück, wo sich aufs neue Unruhen zeigten.

Rein von aller Aufruhr hatte das obergebürgische Fürstenthum sich erhalten, bis endlich die Regierung durch das unglückliche Aufgebot den durch die Fliehenden erweckten Schrecken vergrößerte, und den unruhigsten Köpfen selbst Wirkungskreis und Waffen verschafte. Kasimir verlangte von den oberländischen Aemtern eine Verstärkung von 1500. Mann. Daran stellte der Markt Berneck am 12. Mai statt der verlangten 15. nur 8. das Gericht statt 20. — zwölf Mann. Das Gericht Schauenstein sammt der Stadt brachte deren nur 13. auf. Hof und Kulmbach in Betracht der eigenen Gefahr entschuldigten sich gänzlich. Gleichwohl kamen in allem zu Baireuth, als dem Sammelplaz, 700. Mann zusammen. Diese sollten nun unter dem Befehl der Fürstlichen Hauptleute Wolfs von Waldenrode, Konz Erhards und Nikel Herdegens stehen, und an diese sich auch die Befehlshaber der Städtischen Truppen schließen, von welchen der Baireuther Hans Sendelbeck, der Wunsiedler aber entweder Schneider hieß, oder ein Schneider war.

Schon

Schon hatte Kasimir dem Hauptmann Nikl Herdegen, Amtmann zu Frankenberg, die Rede zugefertigt, die er vor dem versammelten Aufgebot beim Abmarsch nach Erlbach zu halten hätte. Darinn läßt der Prinz den Geschickten von den Städten, Märkten, und der Landschaft versichern:

"er werde ihnen und ihren Kindern, als "frommen Obergebürgern, für ihr Er-"scheinen ewig dankbar verbleiben und es so "gegen sie verschulden, daß sie sehen soll-"ten, was sie an ihm für einen gnädigen "Herrn und Landesfürsten hätten.

Leider wollte es das Verhängnis also, daß Herr Nikolaus, diese stattliche Rede nicht an den Mann bringen, und statt die Tribune zu besteigen, sich in die Büsche verkriechen sollte. Denn indem die Aufgebotenen am 16. Mai vor die Stadt Baireuth herauszogen, um da gemustert zu werden, zu den Fahnen zu schwören und abzumarschiren, erklärte das Wunsiedler Contingent, daß es sich von niemand anderm, als dem Prinzen Kasimir selber mustern ließe. Zugleich sprachen diese Aufruhrdämpfer von einer Plünderung des Klosters Himmelkron, und von einer Zerstörung des dem Hauptmann Herdegen gehörigen Schlosses Kolmberg. Herdegen selbst fand für gut, zu verschwinden, in der größten Unordnung strömte das aus einander gelassene Corps zur Stadt herein. An mehrern Orten, auf dem Markt, in der Altenstadt, hielten die Widerspenstige Versammlung. Neugierige, Schadenfrohe, Neuerungslustige vergrößerten die Haufen. Man sprach beim Trunk verwegene Worte und ruhig ging man Abends wieder nach Haus.

Ein

Ein Betrunkener, der die Sturmglocke rührte, brachte das ganze Dorf Geseß in Bewegung. Sie liefen zum Dorf heraus, mit einem Kerl, der die Trommel schlug, ein anderer Abentheurer machte schnell eine schwarz und weiße Fahne. Nun durchzogen sie den Mistelgauer Grund, um die Gefahr zu suchen, wegen der man Sturm geläutet hatte. Alles lef lief dem Trommler nach. Der Haufe wurde immer stärker. Man lagerte sich unfern Baireuth. Keiner wußte, wie er zum andern gekommen war. Was sie wollten? war das noch größere Geheimniß. Ein unvermutheteres Nachmittagsschauspiel konnte es für die Baireuther Welt nicht geben. Alles wallte in das ländliche Lager hinaus und wurde, wofern man sich für gut Evangelisch angab, eingelassen. Auf einem Stuhle stehend, vernahm man da einen Hans Lorenz aus Geseß zur Gemeine sprechen:

"Ich will das Evangelium und die Gerech-
"tigkeit handhaben, ist das denn die Gerech-
"tigkeit, daß man den Leuten das Ihre
"nimmt, so sch**ich in diese Gerechtigkeit.

Nach dieser geistlichen Nahrung glaubten einige, es wäre nicht übel, jetzt auch für den Magen zu sorgen, und etwa bei dem Herrn vom Imhof in St. Johannis ein Küchenfleisch zu holen. Aber Hans Lorenz, der Gerechtigkeitshandhaber stieg wieder auf den Stuhl, um ihnen dieses zu widerrathen. Sie gingen also nun mit ihm vor die Stadt, legten ihre Spieße ans Thor, und zechten in den Schenken um ihr eigenes Geld. Zuweilen stieg Hans Lorenz wieder auf die Bank. Man machte sogar Verse; z. E. den Zududlern (Ohrenbläsern, Denuncianten) zum Spott, schrieb man an die Wand:

Die

Die Zudubler haben ihre Herren lieb,
Doch stehlen sie soviel, als andere Dieb.

Am Abend nahm jeder seinen Spieß und wanderte friedlich nach Haus, zufrieden das Evangelium also gehandhabt zu haben. Das Ganze sah mehr einem Gregoriusfest, als einem Aufruhr ähnlich, und hätte in den nächsten Tagen abermals einer getrommelt, sie wären traun! wieder gekommen.

In Creußen beschränkten sich die ganzen Unruhen darauf, daß die Bürgerschaft einen andern Magistrat verlangte, daß sie vor die Pfarrhäuser zu Pirk und Weidenberg, und vor die adelichen Schlösser zu Schreez und Seidwitz zog, und sich da Bier und Fleisch herausgeben ließ. Zu Pegnitz, zu Lindenhard kam es nicht einmal so weit, sondern es fielen nur unbedachtsame Worte. Bei Kulmbach hielten zwar einige Bauern eine Versammlung zum Heglas zwischen Gotsmansreut und Wickenreut, aber es kam zu keinen Ausschweifungen. Die Drossenfelder waren von dem Thurnauer Haufen mit großen Drohungen vorbeschieden, aber sie kamen nicht.

Die Lauensteiner geriethen anfangs in Gährung, als sie hörten, es wären von Salfeld und Gräfenthal Güter ins Schloß geflüchtet; denn sie fürchteten, dies mögte ihnen die Bamberger Bauern auf den Hals ziehen. Sie blokirten daher das Schloß, um die Auslieferung dieser Güter zu erhalten. Jedoch da der Amtmann auf der Stelle blieb, ihre Vorstellungen an den Prinzen Kasimir und seine Antworten richtig beförderte, so gingen sie wieder in der Güte aus einander und thaten ihre Schuldigkeit wie zuvor, noch ehe das Schicksal der unterländischen Bauern

ern durch ihre Niederlagen entschieden war. Das Verbrechen der Wunsiedler bestand darinn, daß sie mit einer Trommel des Prachts halber gassatim gegangen, der Thierabeimer, daß sie einigen Pfaffen, darunter auch dem Arzberger, sein Bier ausgetrunken und in verbotenen Wassern gefischt, der Kirchenlamizer aber, daß sie ebenfalls in Herrschaftlichen Weihern gefischt, dem Pfarrer einige Eymer Bier weggenommen und dem neuen Amtmann nicht Pflicht leisten wollen.

In allen diesen Unordnungen sah Kasimir nichts, als den strafwürdigsten Aufruhr. Mit der unbeschreiblichsten Erbitterung vernahm er durch die zwischen Baireuth und Erlbach angelegten Posten die Nachricht von dem verweigerten Abzug der Aufgebotenen. Die Hauptleute fielen in seine Ungnade, daß sie nicht mehr Ernst gebraucht, daß sie die Leute wieder herein in die Stadt gelassen. Man heftete auf den Hauptmann Sendelbeck, als einen denuncirten Aufrührer, ein festes Auge. Um aber seinen Zorn im ersten Augenblick zu verbergen, wurde den Aufgebotenen ein Patent des Prinzen, vom 17ten Mai datirt, verkündet, in welchem es heißt: "daß es mit Bezwingung der Aufrührer sehr glücklich ginge, und der Prinz ihre Unterstützung nicht mehr bedürfe. Sie könnten also wieder aus einander gehen, und wenn sie glaubten irgend Beschwerden zu haben, so würden sie wissen, solche dem Prinzen gebührend vorzutragen. Ins Geheim ertheilte er aber dem Hauptmann des Gebürgs Befehl, die Plassenburg sicher zu verwahren, der hierauf den Heinrich von Beulwitz und Hansen von Waldenfels zu seinem Beistand zu sich beschied. Den Hansen von Schirnding ersuch-

ersuchte man um ein kleines Commando von 31. Knech:
ten. Unterm 25. Mai billigte Kasimir, daß man
auch den Beheimstein besetzt und erlaubte den Rä:
then, Geld aufzubringen, wo sie könnten, um
die in Sold genommene 100. Böhmen und 100.
Bergknechte zu bezahlen; denn ihm mangle es hie:
nieden selbst. Den Hauptmann zu Hof, Wilhelm
von der Grün, bestellte er zum Kriegshauptmann.

So wie er sich nun als Sieger fester deuchte,
kehrte er jetzt unverstellter seine rauhere Gesinnung
hervor. An dem Tag, wo auf seinen Befehl zu
Schweinfurt eine Menge Opfer bluten mußte, den
14ten Jun. befahl er den obergebürgischen Räthen:
wofern sich jetzt auf dem Gebürg jemand weigern soll:
te, Zinsen und Gülten zu geben, denselben auf der
Stelle niederzustechen. Sie, die Obergebürgischen,
sollten dem Himmel danken, daß er ihnen nicht den
Bund hinaufgebracht habe. Da sollte es schon ein
anderes Blutvergießen gegolten haben. Von Bam:
berg aus schickte er seinen Bruder, Johann Albrecht,
Coadjutor von Magdeburg, auf die Plassenburg, ver:
sehen mit der ausgedehntesten Vollmacht, wo er von
einem aufrührischen Buben höre, nach ihm zu grei:
fen. Und um ihm Grausen und Entsetzen zur Be:
gleitung zu geben, ließ er durch offene Schreiben
verkünden, daß er nun selbst der gänzlichen Meinung
sey, das Bündische Heer heraufzubringen; was from:
me Unterthanen wären, möchten sich zeitig in die
Städte flüchten und ihrem Schaden zuvorkommen.
Durch diese Vorspiegelung (denn Kasimir ging be:
kanntlich von Bamberg zurück nach Rothenburg)
suchte er nur in jedem den Muth niederzuschlagen, sich
dem nun zu eröfnenden Inquisitionsgericht zu wider:

setzen. Bei seinem Abzug nach Rothenburg empfahl er es dem Coadjutor noch einmal dringend, den aufrührischen Buben ohne weiters die Köpfe abhauen zu lassen, und ja nicht eher nach Magdeburg zurückzugehen, bis alle Exekutionen vollbracht seyen.

Jetzt fing man an, die Unglücklichen aus ihren Winkeln hervorzusuchen. Niederträchtige Menschen, selbst weiland Anführer und Sprecher der Verführten, heuchelten nun den Patrioten und machten die schändlichsten Angeber. Worte wurden zum Verbrechen gestempelt. Um strafbar zu scheinen, war Reichthum genug. Privatleidenschaften wurden der öffentlichen Rache untergeschoben. Ohne Folter kam kein Beklagter davon. Um die gefüllten Kerker den neuen Ankömmlingen zu räumen, lieferte man die ältern zum Schaffot. Augen ausstechen, Finger abhauen, vom Thurn abwerfen, Spießen, Braten, Brandmarken, waren die Züchtigungen, die hieneben den Kasimir, hieoben der Priester Gottes, Johann Albrecht, vollziehen ließ. Fünfhundert Personen in beiden Fürstenthümern wenigstens hat Kasimir dem Scharfrichter überliefert, mitgerechnet die 60. die er in Wirzburg, die 67. die er in Bamberg, die 72. die er in Windsheim, die 32. die er in Rothenburg, die unbenannte große Anzahl, die er in Schweinfurt hinrichten, die 58. denen er in Kitzingen die Augen ausstechen ließ.

Nur Reiche, die statt Blut Silber geben konnten, durften auf Verzeihung und Gnade rechnen. Diese kamen denn gewöhnlich mit der Landesverweisung und der Confiscation des vierten Theils ihres Vermögens davon. Der Kastner Bernbeck zu Neustadt

stadt an der Aisch, der, gesetzt daß sein Verbrechen erwiesen werden konnte, als Beamter doppelt strafbar war, entwischte mit einer Buße von 700. Goldgulden. Marx Wild zu Erlbach, gegen den alle Anzeigen eines Meuterers sprachen, erhielt sogar ein Patent, daß er als ein frommer Mann von niemand beeinträchtigt werden sollte. Die Ursache war, weil Kasimir bei ihm im Quartier lag, und auf diese Art seine Zeche quitt zu machen hofte.

Ueberhaupt sind die Summen, die Kasimir unter dem Titel von Strafgeldern und Brandschatzungen bezogen, von großer Wichtigkeit. Nach denen hierüber von Petri 1525. bis dahin 1528. gestellten Rechnungen haben sie eine Summe von 104000. Gulden betragen, wobei die Kloster Auhauser Schadengelder, die Pfaffensteuer und das was Stefan von Birkenfels empfangen habe, noch nicht gerechnet ist. Der Adel war über diese Art von Besteurung, die seine Hintersaßen mit betraf, sehr mißvergnügt, und machte dem Prinzen Vorstellungen dagegen, worinn er bat, seine Leute lieber an Leib und Leben zu strafen. Kasimir antwortete ihnen aber am 7ten Julii darauf: Er wundere sich, daß sie es gegen ihn, als ihren Landesfürsten, so genau nehmen wollten. Er halte sich zu dem, was er thue, als Landesherr und als Herr des Krieges befugt. Es wäre ja doch wohl besser, daß ihm ihre Bauern ein paar Jahre Contribution bezahlten, als daß sie alle Zinsen und Gülten, wie es die Absicht der Bauern gewesen, auf immer missen sollten. Wozu denn der Fürst nöthig gehabt hätte, ihres Nutzens willen seine Kassen zu erschöpfen, und am Ende sogar sein Silbergeschirr anzugreifen? Hierzu komme, daß

nicht

nicht die Fürstlichen, sondern der Edelleute Bauern
den Aufruhr angefangen, und daß er von den un-
christlichen aufrührischen Predigern der adelichen Pa-
tronatPfarren hergekommen. Jedoch um ihnen seine Billigkeit zu beweisen, sey er geneigt, ihnen die
Helfte der von ihren Hintersassen eingehenden Con-
tributionen als einen Ersatz ihres erlittenen Schadens
verabfolgen zu lassen, zu welchem Ende, wie es scheint,
die besondere Rechnungen geführt wurden. Doch
suchte im Unterland der Günstling Karl von Heßberg als Fürstlicher Commißär besondere Vergleiche
zwischen den Edelleuten und ihren Bauern wegen des
Schadenersatzes zu treffen.

Der Coadjutor Johann Albrecht zog endlich
über Hof nach Haus zu seinen Altären in Magdeburg.
Die Wittwen der Hingerichteten, die verwaißten
Knaben liefen seinem Zug auf der Straße nach, und
riefen mit höhnender Wuth ihm zu: Ob denn die
Bauern schon alle erstochen wären? — Noch nahm
das Angeben, das Verhaften, das Untersuchen,
oder kürzer gesagt, das Foltern, kein Ende. Der
Hauptmann zu Hof, Wilhelm von der Grün, einer
der wüthendesten Inquisitoren, entdeckte der aufrührischen Buben immer mehr. Sebold Schmid, ein
bekannter Mörder, der in dem Lager der Gesetzer so
gern die Hauptrolle gespielt hätte, und der einzige
war, der damals einen Panzer trug, ging ganz un-
angetastet herum und brachte eine Menge Leute ins
Unglück, die zehnmal unschuldiger waren als er.
Der Geheimschreiber Arnold reiste auf des Prinzen
Kosten im Land herum, um noch mehrere Aufrührer
auszuspähen. Fürstliche Unterbeamte, die sich bisher
als muthige Verfechter der Gerechtsame ihres Amtes

gegen

gegen die ingeseffene Edelleute hervorgethan hatten, wie z. B. der Vogt Peuntmann zu Creußen, wurden nun als unruhige Köpfe und Adelsfeinde listig genug bei dem Prinzen angeschwärzt und festgesetzt. Alle Inquisitionsacten mußten nach Ansbach gesendet werden. Kein Geständnis that den dortigen Kriminalisten genug. Immer kamen die Acten zurück, mit dem Befehl, noch einmal zu foltern und Item noch das, und Item noch das zu fragen.

Endlich, dem Himmel sey gedankt, trat ein Ehrenmann hervor, dessen Herz schon längst vom Unwillen über die Unversöhnlichkeit des Prinzen, über die Niederträchtigkeit der Angeber und die blinde Dienstbeflissenheit der Inquisitoren überfloß; Hans von Waldenfels war des Biedern Name. In ihm konnte gewiß der Prinz keinen Vertheidiger des Aufruhrs argwohnen. Denn er war derjenige, den sich der Hauptmann des Geburgs zur Zeit der größten Noth als seinen Beistand erbeten, um die Plassenburg mit zu verwahren, und ihm als Rath an der Seite zu sitzen. Waldenfels also nahm sich den Muth, am Dinstag nach Allerheiligen 1526. dem Prinzen in einem eindringenden Schreiben zu erklären:

"Es wären nichtswürdige unbedeutende Dinge, warum jetzt noch eine Menge armer Gefangenen bezüchtigt, gequält und untersucht würde. Unterdessen müßten ihre verlaßnen Weiber und hilflosen Kinder hungernd verschmachten. Diejenigen, die jetzt die Angeber und eifrigen Patrioten machten, wären gerade die ärgsten Bösewichte, denen der Prinz am wenigsten trauen sollte.

"Er bitte ihn um alles in der Welt, jetzt einmal das Vergangene zu vergessen und sein Herz zur Barmherzigkeit zu neigen."

Statthalter und Räthe zu Onolzbach nahmen sich jetzt das Herz, diese Vorstellung des Waldenfels auch von ihrer Seite mit einer Vorbitte zu begleiten, und so wurde denn endlich dem Prinzen eine Generalverzeihung gleichsam abgenöthiget.

Ein solches Ende nahmen diese unter dem Namen des Bauernkriegs bekannte Unruhen. Beinahe sollte man aber glauben, daß dabei die Ritterschaft und die Geistlichkeit so gut ihre Rollen mitspielte, als der Bauer, der vielleicht am wenigsten wußte, worauf das Ganze hinausgehen sollte. Denn so ganz gleichgültig können wir es doch nicht übersehen, daß bei diesem so genannten Bauernkrieg sehr bedeutende Edelleute, ein Graf von Wertheim, der Götz von Berlichingen, der Florian Geyer, der Stefan Menzinger den Anführer machten. Kaum hatte es das Ansehen gewonnen, daß es auch bei Baireuth zu Thätlichkeiten kommen sollte, als auch hier schon wieder ein Edelmann, der Thomas Groß von Ratzendorf, sich nicht mehr Junker Thomas, sondern Thomas Bauer wollte heißen lassen, beim Zug einem Bauern die Fahne aus der Hand riß und mit Zudringlichkeit verlangte, man sollte ihn zum Hauptmann, oder Fähnleinsführer, oder wie man ihn sonst nennen wollte, erwählen.

Sollte man einwenden, die Edelleute würden doch nicht so thörigt gewesen seyn, den Bauern aufzuhetzen, ihnen die Schlösser abzubrennen, so läßt sich darauf erwiedern: es mögte wohl hier, wie bei

andern

andern Revolutionen gegangen seyn; die ersten Anstifter arbeiteten auf einen ganz andern Endzweck los. Aber da sich die Volkswuth in einer solchen Kraft äusserte, die sie nicht berechnet hatten, so verlohren sie Zügel und Richtung. Ihr Sprung aus dem Wagen war noch glücklich genug.

Schon seit geraumer Zeit zeigte sich der Fränkische Adel widerspenstig und mißvergnügt im höchsten Grad. Die Einführung des Kammergerichts war ihm ein Greuel, die beständigen Reichssteuern machten ihn verdrüßlich; die zunehmende Last der Ritterdienste drohte ihn völlig zu verderben; Schreiber und Doctoren fingen an, ihn aus dem Gericht und dem Rath der Fürsten zu drängen. In so fern also der bäuerische Aufruhr dahin zu führen schien, die Kraft der Ständischen Regierungen aufzulösen, den Landfrieden und das darauf gebaute Kammergericht zu sprengen, und das alte Faustrecht wieder einzuführen, in so fern läßt sich auch begreifen, wie es Edelleute mit den aufrührischen Bauern halten, sogar ihre Anführer machen konnten. Gesetzt auch, daß sie den Bauern selbst einige Zinsen und Gülten hätten mildern oder nachlassen müssen, die Abschaffung des Lehendienstes, der Ritterpferde, des gemeinen Pfennigs, wäre ihnen ein gewinnvoller Ersatz gewesen. Die Hauptmannstellen würden auch nicht unbezahlt geblieben seyn, und die Güter der jetzt eben im Sturz begriffenen Geistlichkeit wäre ein Fund gewesen, in den sich der Edelmann und Bauer friedlich hätten theilen können.

Warum sollten die Obern der Römischen Hierarchie diesen Aufruhr nicht sehr gern gesehen haben, der die Aufmerksamkeit der säcularisationslustigen Fürsten mit etwas anderm beschäftigte, und dabei Gelegenheit gab, die evangelische Parthei recht anzuschwärzen, so wie im Gegentheil den alten Glauben als den einzigen Thronhalter herauszustreichen? Ob daraus, daß einige BauernHaufen das förmliche Jesuitenwappen in ihrem Siegel geführt (man sehe *Gropp* Collectio Scriptor. Wirceb. I. 78.) etwas geschlossen werden könnte, läßt man hier unbestimmt.

Andere Edelleute und Prälaten, die sich auch nicht als Theilnehmer oder Anführer gebrauchen ließen, verbreiteten doch den Aufruhr ganz unbeschreiblich dadurch, daß sie alle zu frühzeitig flüchteten, den heranrückenden Bauern die leeren Schlösser, die dann mißhandelt wurden, dastehen ließen, in dem Ort, das sie verließen, den Schrecken vermehrten, in dem, wo sie ankamen, ihn erweckten. Kasimir selbst, in einem Schreiben vom 2ten Mai, mißbilligt dieses Flüchten auf das äußerste. Er versichert, daß die Bauern, bis dahin nie ein Schloß gewaltthätig behandelt, wenn sie auch nur drei Mann darinn gefunden. Christoph Weber, ein Theilnehmer an den Baireuther und Geseßer Unruhen, klagte im Verhör die Edelleute an, daß sie selbst es gewesen, welche den Aufruhr gemacht, weil sie von allen Seiten her ihre Güter geflüchtet. Das Heer der Bauern drohte alle diejenigen, die es nicht mit ihnen halten wollten, auf den Grund auszubrennen, und ihnen nicht einmal die Asche zu lassen. Bisher konnte ihnen noch niemand widerstehen. Der fliehende Edelmann überließ seinen Bauern sich selbst. War es da ein Wunder, daß er nun zu seiner vermeinten Rettung die Parthei des Stärkern ergriff?

Endlich hat Kasimir selbst durch sein Betragen und die zweckwidrigen Maasregeln, die er ergriff, das seinige zu Verbreitung des Aufruhrs redlich mit beigetragen. Sein unfreundliches Wesen, die kalte Art, womit er die Vorstellungen der Bauern abfertigte, sein ewiges Drohen und Spioniren brachte ihn um alle Liebe. Hauptsächlich aber hat das unglückliche Aufgebot den Brand erst recht allgemein gemacht. Man gab den unruhigen Köpfen dadurch selbst die Waffen in die Hand, man vereinigte sie in eine Masse, wo sie ausgebreiteter würken konnten, man verschaffte ihnen dadurch Gelegenheit, die Getreuen zu verführen. Wo auch das Aufgebot zu Stande kam, verfehlte es seinen Endzweck so sehr, daß man es nicht eilig genug wieder aus einander lassen konnte. An den meisten Orten brachte es die noch schlimmere Wirkung hervor, daß sich die Aufgebotenen geradezu wider die Regierung erklärten. Denn sprachen sie, wenn es beschlossen ist, daß wir fechtend sterben sollen, so wollen wir lieber mit dem Haufen fechten, bei dem sich schon unsere Väter und Brüder befinden, dem die größere Anzahl den Sieg zu versprechen scheint, und dessen Sieg auch unser Gewinst seyn würde. Die im Amte Hoheneck sagten es ausdrücklich: "gegen die Bauern zu fechten, ließen sie sich nicht gebrauchen. Sie wären noch keine Aufrührer. Aber das Aufgebot werde einen großen Aufruhr machen."

Nach der gewöhnlichen Schwachheit der Menschen, die Schuld seiner eigenen Fehler auf andere zu schieben, klagte auch Kasimir die Evangelischen Prediger als die einzigen Ursächer des ganzen Aufruhrs an. Wahr ists, in Rothenburg, wo bald dar-

darauf der Mittelpunct des Aufruhrs war, trieb Karlstadt seit einiger Zeit sein Wesen, durch Verbreitung sehr phantastischer Grundsätze. Allein der Aufruhr selbst hatte schon vorher in Schwaben, auf einem damals noch sehr rechtgläubigen Boden, seinen Anfang genommen; die Odenwalder, welche das Feuer nach Franken mit hereinbrachten, wußten nichts von Karlstadt; ja die Bauern hatten gar keine heftigere Feinde, als gerade diese evangelische Prediger, bei denen sie es ganz erschrecklich dadurch verdarben, daß sie ihnen ihr altes Lagerbier aussoffen. Dem Doctor Luther selbst kamen diese Handhaber des Evangeliums sehr ungelegen, und ihm haben es die Regierungen zu verdanken, daß es so abgelaufen ist, denn es kam hier auf die Frage an: "wer soll die Kirchengüter haben, der Fürst oder der Edelmann mit dem Bauern?" Mit einer einzigen Predigt, mit einem einzigen Seegen hätte Luther den Fantasmus der Bauern so entflammen können, daß kein Schwäbischer Bund, kein Reichsheer nichts mehr gegen sie vermögt haben würde.

Inzwischen blieb Kasimir auf seiner vorgefaßten Meinung und erließ am 31. August 1525. ein Edict dieses Inhalts: Weil der Aufruhr durch ungelehrte und ungeschickte Prediger entstanden, so wolle er also jetzt den Predigern befehlen, wie sie künftig predigen sollten. Sie sollten nemlich nicht mehr so schlechtweg behaupten, daß der Glaube allein selig mache, sondern sorgfältig beisetzen, dies wäre nur von dem lebendigen Glauben zu verstehen. Hauptsächlich aber sollten sie den Bauern erklären, was denn die wahre christliche Freiheit seye, nemlich eine Freiheit im Geist, nicht im Fleisch, eine in-
nerli-

nerliche nicht eine äußerliche Freiheit, ein innerliches geistliches, so wie die weltliche Freiheit ein teuflisches Ding. Gesetzt also auch, daß die Obrigkeiten von ihren Leuten unbillige Dinge verlangten, so müßte man sich deßwegen ja nicht mit Gewalt widersetzen, sondern als ein wahrer Christ handeln, der das Unrecht leidet, aber nicht thut, und alles Gott befiehlt." Auf dem Concept der Edicts steht geschrieben: Dieses Ausschreiben ist ergangen, als sich mein gnädiger Herr Markgraf Kasimir den Stein hat schneiden lassen.

Unter den Anführern der Bauern selbst herrschte wenig Uebereinstimmung und Abhängigkeit. Eine Anzahl benachbarter Dörfer hatte ihren Hauptmann oder Fähnleinsführer. Im Feldlager machten diese Hauptleute zusammen einen großen Rath, der seine Kanzler, Schreiber, Quartiermeister, Proviantmeister, Profosen, hatte. Was der Rath der Hauptmänner beschlossen hatte, mußte wieder der ganzen Gemeine zur Genehmigung vorgetragen werden. Das Odenwalder Corps stand unter der Leitung des Georg Mezlers, Wirths aus Ballenberg. Bei dem Rothenburger Corps hatten, wie es scheint, die Hauptrollen: ein gewisser Steyr aus Obernbreit, der Wirth Knoblauch aus Ostheim, der Junker Fabian Geyer, der Graf von Werrheim und ein Leonhard Markard. Markard, Geyer und Steyer lagen vor Wirzburg. In der Stadt Rothenburg dirigirte Junker Stefan Menzinger, Linhard Dener, wahrscheinlich aus der Stadt Rothenburg, ließ sich als Kanzler, ein Pfaff Hellenbach als Gesandter gebrauchen. Berliching commandirte ein eigenes Corps bei Königshofen, Kaiser aus Bernheim

das

das Neustädter. In der Stadt Neustadt selbst stand der Kastner Klaus Bernbeck an der Spitze. Das zu den Neustädtern gestoßene Dachsbacher Commando stand unter dem Heintz Hertrich, Victualienaufkäufer aus Dachsbach als Hauptmann, und dem SchweineMezger Jörg Knorr aus Dachsbach als Fähndrich. Hans Hering, Beck aus Dachsbach wurde von Neustadt aus detaschirt, um Schloß und Kasten zu Dachsbach in Empfang zu nehmen. Vor Großenlankheim commandirte Paul Dank, bei Abbrennung des Heßbergischen Schlosses Rötelsee Jörg Naß aus FröhStockheim, bei dem vor Windsheim liegenden Haufen Jörg Duchscherer. Der Wirth Marx Wild zu Erlbach machte den verborgenen Anstifter der dasigen Unruhen, der Burgermeister Anton Hefner aber den offenbaren Anführer. Auch der Vogt Wolf Schwab wurde einer Theilnahme beschuldigt. Peter Voller wurde als Aufwiegler der Hohenecker Bauern angeklagt. Der Hauptmann von den Bambergischen Aufrührern bei Holfeld hieß Hartung, und der zu Aufseß mit Brennen den Anfang machte, Peter Hofmann. Die Aufwieglung der Thurnauer gab man einem dasigen Pfarrer Otto Zapf Schuld, der nachher nach Leuthen kam. Wegen des vor Baireuth durch die Wunsiedler aufgewiegelten Aufgebots griff man nach dem Christoph Weber aus Wunsiedel, dem Wirth Velhamer aus Laineck und einem Hans Teufel. In der Stadt Baireuth wurde der Senator Hans Frank als Unruhstifter eingezogen. Im Geseßer Lager machte Hans Lorenz den Sprecher, Sebold Schmid den Anführer, und Junker Thomas Groß den Fähnleinsträger. Heinz Schmid wurde als Aufwiegler zu Schwarzenbach an der Saale, und der Schläch-

ter

ter Michel Höpfel, zu Thiersheim beschuldigt. — Zu Wunsiedel wurden als Anführer Hans Kolb Schneider, Jörg Zeerer und Hans Voigt hingerichtet. Die Barbierer in jedem Dorf fingen immer am ersten an zu brennen. Aber Wirthe und Schlächter behaupteten gewöhnlich den vordersten Platz.

Die wenigsten aus dem Bauernheer wußten eine deutliche Ursache anzugeben, was sie wollten. Zufall, entfernter Lärm jagte die Meisten zusammen. Selten stand ein Haufen mit den andern in Verbindung. Von denen in Schwaben so bekannten Artikeln zeigt sich in den Verhören der oberländischen Bauern nicht die mindeste Spur. In Städten und Märkten lief das Begehren der Unruhigen gewöhnlich auf eine Veränderung der Magistratspersonen und Zulassung Evangelischer Prediger hinaus. Die gewöhnlichsten Excesse waren kleine Requisitionen aus den Kirchen und Klostermagazinen. Christoph Weber gab die Zerstörung der adelichen Häuser als Endzweck des Aufruhrs an. Ein anderer Inquisit, gleichfalls über den Endzweck der Aufrührer befragt, antwortete: Er wiße es nicht. Seiner Meinung nach wär es darauf angesehen gewesen, die Mönche und Klöster, Pfaffen und Edelleute zu vertreiben. Ein dritter sagte: "Sie hätten eine Obrigkeit gewollt, ihres Gefallens zu wählen; die Edelleute hätten in die Städte ziehen und Bürger werden sollen." Ein vierter glaubte: Sie hätten Hölzer und Wasser frei machen, Zinsen und Steuern abthun wollen und den Edelleuten Bürger zu werden zugemuthet. Der Burgermeister Frank zu Baireuth erklärte dem Adelichen Amtmann: Lieber Amtmann, ihr seid kein Edelmann mehr, ihr seid nur ein Bürger, ihr werdet Euch künftig

tig nach uns richten müssen. Hans Lorenz wollte das Evangelium und die Gerechtigkeit handhaben; wieder andere von seinen Kameraden hingegen wollten der Wiersberge und anderer Schlösser zerbrechen. Wieder einen andern Plan hatte der Junker Thomas Groß, nemlich auf die durchgeflüchteten Güter der Bambergischen Pfaffen Jagd zu machen.

Man hat die Beschuldigungen gegen die Bauern, die Ausschweifungen die sie begangen haben sollen, unendlich übertrieben. In den Inquisitionsprotokollen findet sich von all denen Greuelthaten, welche spätere Legenden erzählen, nicht eine Silbe. Im obergebürgischen Oberland haben die Bauern nicht einen Tropfen Blut vergossen, nicht einmal eine Scheure abgebrannt; (denn Aufseß, Glashütten ꝛc. haben die Bamberger angezündet.) Was man ihnen beweisen konnte, war blos: daß sie dem Aufgebot keine Folge geleistet, daß sie in verbotenen Wassern gefischt, daß sie mit der Trommel herumgelaufen, daß sie vor einigen adelichen und geistlichen Häusern sich Fleisch und Bier herausgeben ließen. Dem Pfarrer zu Redwitz soffen sie sein gutes Bier aus, und da schrie er denn nun vor allen Gerichten:

"das sei eine gemeine Aufruhr und Vertilgung
„aller Obrigkeit, eine Verletzung des heili-
„gen Römischen Reichs Ordnungen, ein
„Landfriedensbruch, eine Unthat, die billig
„an Leib und Leben zu bestrafen sey.

Hans von Waldenfels selbst erklärt es Kasimirn offenherzig, daß die Ursachen, warum eine Menge Leute gefangen säße, unbedeutend wären. Viele saßen blos deßwegen im Kerker, weil sie sich, wie die Worte der Urfehden lauten, mit etlichen Worten

der

der Aufruhr theilhaftig gemacht. Die Stadt Kulmbach, stellte den Räthen vor: Ihrem armen Verstand nach schiene es ihnen hart, bloße unbesonnene Reden peinlich zu bestrafen.

Zuletzt, da die Bauern den Schaden ersetzen sollten, ging es mit diesen Uebertreibungen, um nur recht viel Ersatz zu erhalten, ins weite. Die Aebtißin zu Birkenfeld gab ihren Schaden auf 8000. Goldgulden an. Vorher aber gestehet sie, ihr Silber und die Urkunden hätte sie gerettet, hingegen hätten ihr die Bauern 40. Pferd und 50. Rinder, die sie nach Neustadt flüchten wollen, aufgefangen, den Kasten erbrochen und das Klostergebäude abgebrannt. Rechnet man nun, daß man damals um 1000. Gulden ein prächtiges Gebäude herstellen konnte, daß die Pferd und Rinder nach damaligem Preiß noch keine 300. Gulden kosteten, und daß es zeug der vorhandenen Rechnungen wohl schwerlich der Fall war, daß auf dem größten Fürstlichen Kasten auf einmal für 700. Fl. Getraid lag, so wird man sich überzeugen, daß es beinahe übertrieben gewesen, diesen Schaden nur auf 2000. Gulden anzuschlagen, und daß also die Aebtißin, da sie 8000. Gulden verlangt, zum Schaden der armen Bauern ihren Verlust um viermal vergrößert. Auch muß man erwägen, daß nicht jeder Ort, der im Bauernkrieg abbrannte, von den Bauern, sondern von Kasimir selbst, angezündet worden. Die Verwüstungen, die sich die Herren von Thüngen, von Berlichingen und von Grumbach, nach schon entschiedener Sache aus blosem Muthwillen erlaubt, übersteigen alle Grenzen.

Für eine höhere Politik hätte sich bei jenen Händeln ein weiter Wirkungskreis geöfnet. Gesetze, der

O

Kais

Kaiserliche Hof hätte sich es angenommen, den Beschwerden der Bauern auf den Grund zu sehen, beyden Theilen einen Frieden zu gebieten, zwischen Herren und Unterthanen neue Verträge zu binden und diese mit seiner Garantie zu heiligen, welch einen folgereichen Einflus hätte er sich damals in die Verfassung eines jeden Landes erwerben können! Hier sollte man glauben, lag die Gelegenheit offen da, über eine Menge kleiner Stände jene Uebergewalt zu erhalten, um die er später Jahrhunderte lang und vergeblich buhlte. Für das Spiel der Stände war es der glücklichste Zufall, daß dieses Schach Matt! übersehen worden ist. Der Edelmann mit dem Bauern bezeugten damals dieselbe Lust, wie die Fürsten, nach den geistlichen Gütern zu greifen. Noch ein kleines Uebergewicht in die andere Schaale hätte vielleicht nicht für die Fürsten entschieden, bei einer nur in etwas genährten wechselsweisen Eifersucht einer den andern abgehalten. Vielleicht wäre der ganze Gegenstand des Streites in ein Depositum übergegangen. Aber man handelte bei dieser Gelegenheit überhaupt von beiden Seiten durchaus nur nach Leidenschaften und man schien noch zu sehr daran gewöhnt, in dem Bauern ein bloßes Inventariumstück zu sehen, als daß man sein Interesse in die Politik verflochten, sich hätte gedenken können.

Kasimir selbst folgte hierbei keinem andern Trieb, als dem, seine Rache zu stillen, und seinen Geldgeiz zu befriedigen. Für alle höhere Rücksichten blieb er blind. Vergeblich drangen seine schlauern Räthe in ihn, die Bambergischen Städte und Aemter Ebermannstadt, Weischenfeld, Pottenstein, Holfeld, Weissmain, Burgkunstadt, Kronach, Stadtsteinach,

Kup=

Kupferberg und Leugast als Eroberung und Ersatz des von ihnen seinem obergebürgischen Land verursachten Schadens zu behalten. Holfeld bat sogar ausdrücklich um die Einverleibung in seine Lande. Kasimir heuchelte ein zu zartes Gewissen, seine Hände, (man weiß, es waren blutige Hände) an diese Güter zu legen. Er schrieb seinen obergebürgischen Räthen zurück: "Diese Städte für sich zu nehmen, "wie sie ihm gerathen, wolle ihm nicht gebühren. "Aber sie sollten darinnen nur tapfer brandschatzen, "lassen." Blos bei dem mit Rothenburg getroffenen Vergleich war es der Fall, wo Kasmir die Umstände einigermassen benutzte.

Der trostreiche Glaube des Geschichtschreibers, daß in dieser Welt nichts umsonst geschehe, daß jedes vorübergehende Elend, jede gegenwärtige Verwüstung den Keim eines künftigen Glücks und eines desto reichern Segens enthalte, daß in dieser bürgerlichen Gesellschaft jede Begebenheit zu einer Stuffe größerer Vollkommenheit führe, möchte an dem Bild dieses Bauernkrieges beinahe zu nichte werden. Diese Ströme von Blut, diese gegeisselte Menschen, diese Aschenhaufen, zu was haben sie weiter geführt, als auf lange Zeit in den Herzen der Fürsten und Unterthanen Liebe und Vertrauen zu ersticken, der kirchlichen Aufklärung hämische Vorwürfe zu erwecken, weltliche Freiheit als ein teuflisches Ding zu verschreien, und die Knospe des bürgerlichen Wohlstands zu zerknicken! Eine traurige Täuschung ist es, wenn manche uns bereden wollen, auf diesen Krieg wäre das Schicksal der Bauern erleichtert und ihre ursprüngliche Leibeigenschaft von den Fürsten freiwillig erlassen worden. Unsere obergebürgische Bauern waren schon

vor

vorher nicht selbeigen. Ihre Schuldigkeiten waren alle durch Gesetze und Verträge bestimmt, an denen auch nachher nichts nachgelassen wurde; obgleich jetzt ihre Söhne getödet, ihre Häuser verbrannt, sie selbst gebrandschatzt waren. Vielmehr hat sich nach diesem Krieg der Wohlstand des Landmanns sehr verschlechtert. Unter all den Hingerichteten oder verwiesenen Bauern fanden sich kaum einige wenige, von deren verkauften Gütern nach Bezahlung aller Schulden, nach einer jährigen Verwüstung, nicht noch 50. bis 100. Goldgulden übrig geblieben wären. In jedem Dorf traf man Einwohner von 700. — bis 1000. Goldgulden, nach damaligem Geldpreiß einem rittermäßigen Vermögen. Bankeroutiers gab es unter den Verhafteten gar keine.

Mag es also seyn, daß es in dem unenthüllbaren Plan der Vorsicht gelegen, die Fortschritte der bürgerlichen Cultur aufzuhalten, weil durch eine allzugroße Consumtion seiner Kräfte, das Leben eines Staats, so gut wie jenes von einem menschlichen Körper, verkürzt werden kann. Und vielleicht ist es jetzt Gewinst genug, wenn wir daraus für die Zukunft lernen mögten:

"daß Unzufriedenheit über einen erträglichen Zustand gefährlich ist, und daß man bei bürgerlichen Veränderungen durch Gewaltthätigkeiten, so wie in der Politik durch Leidenschaften sein wahres Bestes verfehlt."

Ehe noch alle Untersuchungen geendet waren, ging Kasimir (1526.) mit Zurücklassung einer Statthalterey in Onolzbach, nach Oesterreich. Es scheint daß er wenigstens im folgenden Jahr noch einmal,

mal, wiewohl auf kurze Zeit, in Ansbach gewesen. Er starb aber bald darauf, 46. Jahre alt, in der von ihm als Kaiserlichem Feldherrn eroberten Stadt Ofen, am 21ten Septembr. 1527. an der Ruhr.

Himmel, wie gerecht sind deine Belohnungen, oft schon auf dieser Welt! Er, der keinen Vater, keine Brüder, keine Menschen liebte, Er, dessen unnatürliches Herz den Tod eines edelmüthigen Vaters nicht erwarten konnte, Er, dem nichts genug war, der niemand neben sich vertragen will, d e r stirbt jetzt in der Blüthe seines Lebens, fern von seinem Land, unter den Schmerzen einer grausamen Krankheit, verlassen, auf Gottes kalter Erde, von niemand beklagt!

Wer hätte um ihn weinen sollen? Der gefangene Vater, den er nicht mehr um Vergebung bitten könnte? Die Brüder, die sich auf seine Erbschaft freuten? Die Gattin, die er um ihres Wappens willen freite? Der stammelnde Sohn, der ihn kaum von Angesicht kännte? Die Unterthanen? Ach, denen er die Augen ausstechen ließ, die konnten ihr eigenes Elend nicht mehr beweinen!

Sie fuhren seine Leiche von Ofen heraus ins Fränkische Kloster Hailsbronn. Er ist der letzte Markgraf, für dessen büßende Seele katholische Priester ihre Rauchfässer schwangen. Herrschsucht, Goldgierde, Härte, Eigensinn, Mißtrauen und Hinterlist, strenge Pünctlichkeit, sind mit wenig Worten, die Eigenschaften, die in allen seinen Handlungen, schwerlich auf seinem Grabmal, zu lesen sind. Er selbst gesteht dem Bruder Georg in einem Schreiben, "daß man ihn für einen kargen Mann halte, der nicht könne essen und trinken sehen." Georg in den vertrautern Briefen an seinen Rath Vogler beseufzt die ungewöhnliche Hartigkeit von Kasimirs Herzen.

Auch den Prinzen Johann, diesen unerbittlichen Verfolger des alten Vaters, hatte der strafende Tod schon ereilt. Er erlangte im Jahr 1519. das goldene Glück, mit der Königlichen Wittwe des alten Ferdinands von Spanien sich zu vermählen, einer Dame, die 50. tausend Gulden jährlicher Einkünfte genoß. So glücklich lebte er mit ihr, daß er am 5. Julii 1525. abgezehrt zu Valencia starb. Er hatte damals den Jörg von Wolmershausen als Oberstenhofmeister, den Joachim von Thalheim als Obriststallmeister, den Balthasar Rabenstein, als Hofmeister und Kämmerer, den Jakob Romé als Sekretär und den Bruder Jakobus von Leon als Beichtvater um sich. Die unbetrübte Gemahlin ließ seinen Leichnam in dem Frauenkloster Jerusalem ausserhalb Valenzia, vernummt in eine Franziskaner-Kutte begraben. Sechs tausend Messen wurden für seine (ach warum nicht auch für ihre) Sünden gelesen. Man schickte die teutschen Diener hilflos, unbelohnt und darbend nach Haus. Der schwelgende Prinz Gumbrecht wurde in Rom unerkannt von Frondspergs plündernder Horde erschlagen.

Traurige Genugthuung für den alten Vater! Der gefühllose Sohn Kasimir, der seinen lebendigen Vater beerben will, muß vor ihm in die Gruft hinuntersteigen. Es ist ihm nicht einmal vergönnt, in demjenigen Land zu sterben, das er dem alten Vater entrissen, und gleichsam als hätte sich dieser Fluch noch auf seinen einzigen Sohn fortgepflanzt, so mußte se dieser sein ganzes Leben durch mit lauter Unfall kämpfen, und als ein verbannter Flüchtling, unter der Last seiner eigenen und seines Vaters Sünden, fern von seiner Heimath sterben.

Dieser Prinz Johann, dessen tänkevolle Künste die Bande des armen Vaters unauflöslich zu knüpfen suchten, der liegt hier in einer schmuzigen Franziskanerkutte, Gott weiß, ob von Gram oder von einem niederträchtigen Giftbecher niedergeworfen, Der liegt hier tod! und der alte Vater lebt noch!

Ja! er lebt noch, er geht jezt wieder aus seinem Kerker hervor. Die Unterthanen drängen sich herbei, den alten Dulder zu sehen. Frohe Lieder, Münzen, erscheinen allenthalben. Das allererste, was Georg nach Kasimirs Tod that, war, dem Vater die Freiheit zu geben. Hätte er das nicht gethan, die strafende Hand des Himmels würde am Ende auch ihn noch ergriffen haben.

Aber der größte Segen unter den Söhnen fiel dem Hochmeister Albrecht zu. Ihm, der nicht in dem Rath der andern Brüder gewesen, ihm, der immer mit lauter Stimme die Freiheit des Vaters gefordert, ihm, der mit Geduli sein Loos vom Schicksal erwartete, dem wurden ungesucht die herrlichsten Versorgungen, ja das ganze Herzogthum Preußen, ein glückliches Alter und ein sanfter Todesschlummer zu Theil.

Welche Freude für einen ächten Brandenburger, welche Gewißheit eines Felsengrundes, in der Erwerbung von Preußen die gerechte Belohnung des Himmels für einen frommen Sohn zu finden!

Die Menge und der Zusammenhang der künftigen Begebenheiten wird es nicht mehr erlauben, des alten Fürsten weiter zu erwähnen. Gleich nach Kasimirs Tod ermahnte der Churfürst von Mainz den Prinzen Georg:

"weil der alte Fürst zu einem vermüglichen
"Wesen und schicklicher Vernunft gekommen,
"ihn der engen Enthaltung zu entledigen,
"doch daß sein Leb mit dem Regiment ver-
"schonet werde.

Die Landstände faßten jetzt auch das Herz, dasjenige zu veranstalten, was sie schon vor 12 Jahren hätten thun sollen, nemlich eine Deputation zu ernennen, die sich durch Augenschein von der durch Kasimir vorgespiegelten Gemüthszerrüttung überzeugen sollte. Prinz Georg fand es nicht für räthlich, es auf diesen Augenschein ankommen zu lassen, und gab den Fürsten freiwillig los.

Die Freude des Landes hierüber war sehr groß, weil sich noch viele mit Vergnügen an die romantischen Züge des alten Fürsten erinnerten, weil sein langes Dulden den Fehlern seines leidenschaftlichen Charakters Verzeihung erworben, und weil durch die wiederhergestellte Rechte der Menschlichkeit jeder Bürger sich selbst eine neue Ordnung der Ruhe und Sicherheit versprach.

Markgraf Friederich bezeugte selbst keine große Neigung mehr, die Regierung noch einmal anzunehmen. Das wäre auch zuverläßig wider den Plan des Prinzen Georgs, und bei der bekannten Abneigung des Alten für das Protestantische System in der That nicht räthlich gewesen.

Der

Der alte Fürst begab sich sogleich nach seiner Befreiung nach Anspach. Denn die Plassenburg war ihm jetzt sehr zuwider. Es wurde ihm ein kleiner Hofstaat zugegeben, an dessen Spitze ein Schirnding als Hofmeister stand. Die zu seinem Unterhalt ausgeworfene Summe betrug 963. Fl. jährlich, nemlich:

250 Fl. für die Tafel, der ihm zugeordneten 10. Personen.
200 " Zubus für des Markgrafen Tisch.
 33 " für 2. Esel.
 63 " für die Kleidung der zugeordneten Personen.
100 " für des Fürsten Bekleidung.
  5 " für die Beschuhung.
 10 " für die Beleuchtung.
 40 " dem Hofmeister Besoldung.
 60 " den 4. Knechten (Bedienten) Gage.
 30 " den 2. Eselknechten.
 10 " dem Koch.
  6 " dem Knecht des Kochs.
 20 " für allerlei gemeine Ausgaben.
156 " dem Fürsten Taschengeld, nemlich wöchentlich 3. Fl.
─────
963 Fl. ungerechnet freier Wohnung und Feurung.

Anfänglich hörte der Prinz alle Tage seine Messe, ließ sich Salz und Wein segnen, blieb in allem beim alten Wesen und Brauch, und fand daran Ruhe und Zeitvertreib. Es war daher eine Schwachheit des Prinzen Georg, daß er von Jägerndorf aus gegen seine Vertraute über dieses gotteslästerliche Messelesen sich sehr eiferte, und es abgestellt wissen wollte. Im Jahr 1531. hätte es Georg gern gesehen, daß sein Vater seinen Aufenthalt statt in Ansbach

bach lieber zu Plaſſenburg genommen hätte. Der Alte aber, dem es vor der Plaſſenburg ſchon von ferne graute, machten dagegen ſeinem Sohn nachdrückliche Vorſtellungen, und dieſer ſchrieb ihm zurück: "Er ſollte nur in Ansbach bleiben, ſich da gutes thun laſſen und fröhlich ſeyn." Als Georg ins Land kam, hatte er ſeinen Vater gewöhnlich um ſich, weil er ſich gar ſehr bemühte, einen ächten Lutheraner aus ihm zu machen, womit es ihm nicht recht gelingen wollte. Man findet, daß er im Jahr 1533. mit ihm nach Wunſiedel kommen wollte, wo im Pfarrhaus für ihn Quartier gemacht war. Er beſchlos ſein Leben zu Ansbach den 4ten April, 1536.

Neun Jahre ſchon lag Kaſimirs Leichnam zu Hallsbronn in ſtiller Verweſung, als ſich ihm der Sarg ſeines mißhandelten Vaters nahte. Wir werden des guten Alten nicht weiter erwähnen. Die Geſchichte ruft uns zurück auf den Zeitpunct, wo Georg nach Kaſimirs Tod, ſowohl für ſich als den unmündigen Prinzen Albrecht, die Verwaltung beider Fürſtenthümer übernahm.

Eine wichtige Begebenheit wird ſich jetzt an die andere drängen. Geſchmückte Heiligenbilder fallen von ihren Altären herab. Mönche und Nonnen verlaſſen jammernd das Land. Fürſt und Unterthanen nähern ſich wieder. Schwerder werden für Freiheit und Wahrheit gezogen. Sie kämpfen — für wen wird der Sieg ſich erklären?

www.ingramcontent.com/pod-product-compliance
Lightning Source LLC
Chambersburg PA
CBHW021819230426
43669CB00008B/806